給

維里蒂(Verity)、西蒙(Simon)、露西(Lucy)、
亞當(Adam)及下一代面對掙扎的人

靈修著作精選

我掙扎·我成長

安德魯·梅斯 著　李麗詩 譯

基道出版社

▼

靈修著作精選

我掙扎・我成長

Spirituality of Struggle

Pathways to Growth

作者

安德魯．梅斯 Andrew D. Mayes

譯者

李麗詩

審稿

蔡錦圖

執行編輯

何敏璇

封面插圖

梁翠霞

裝幀設計

莫可雅

■

出版 / 發行

基道出版社

香港沙田火炭坳背灣街 26 號富騰工業中心 10 樓 1011 室

LOGOS PUBLISHERS

Unit 1011, 10/F, Fo Tan Ind. Centre, 26 Au Pui Wan St., Shatin, Hong Kong

電話：(852) 2687-0331　傳真：(852) 2687-0281

網址：https://www.logos.com.hk

承印

海洋印務有限公司

●

9/2006 初版

Cat. No. LP622B

ISBN-10: 962-457-318-2

ISBN-13: 978-962-457-318-3

刷次	15	14	13	12	11	10	9	8	
年份	2030	2029	2028	2027	2026	2025	2024	2023	2022

序

在今天的社會裏，致力尋找能夠影響生命的信仰，或探討涉獵人神關係的人與日俱增。基督教羣體以外的人對信仰望而卻步，往往因為他們覺得自己並未達到宣認信仰的階段。已經參加教會的人也會感到自己信心不足，時常覺得自己未能與其他信仰堅定的主內弟兄姊妹看齊。這本書為在靈命旅程中掙扎的信徒提供鼓勵和希望，並認為正是通過掙扎，我們才能夠尋得上帝並達致成熟的、帶反省性的信仰。這些掙扎和揣摩更開拓了靈性、禱告和探尋上帝的途徑；並可蛻變成為成長的康莊大道。

其實，聖經裏面記載不少人經歷掙扎的故事。這些故事的主人翁皆為血肉之軀，活靈活現的人物。他們是人性的典型代表，他們的經歷和遭遇橫跨時空，觸及我們的生命。聖經告訴我們這些人的事迹——關於掙扎的原初故事——是歷世代的人都會面對的。舊約聖經裏的人物多屬模範典型，反映著上帝選民的種種歷練。他們的言行舉止代表了整個民族，並逐漸承擔了選民的身分；透過他們的鬥爭和衝突，我們可以認清自己所尋求的是甚麼的身分和使命。新約聖經裏的個人掙扎和今天的基督徒所面對的問題不相伯仲，其實「與上帝掙扎」這一個主題亦是今天研讀聖經的啟蒙之鑰。

雖然二十一世紀的各種社會現象對我們的靈命掙扎影響甚大，反映出我們這個時代的種種壓力，但從多方面考慮：我們今天面對的掙扎其實和其他時代的掙扎並沒有甚麼分別。這本書將會探討這些跨時空的掙扎，以作為我們個人靈修的工具或團契小組的參考資料。

- 各章內文將探討一種掙扎，並引用聖經人物的事例作為參考。
- 引用合適的聖經選段以協助集中討論問題。
- 書內引用的聖經靈修作者對有關問題的闡釋及演繹，以助我們從禱告及思考中，將各種掙扎升華為靈命長進。
- 書中提出的問題會幫助自我反省和小組討論。
- 附設兩項「禱告練習」，可任擇其一作為團契小組活動的結束。

聖經在第一卷經書之中描繪了原始人類的掙扎，在伊甸園的亞當與夏娃代表了人類亙古以來的探索——我們是否可以尋得作為造物主和良友的上帝，我們是否願意放棄一意孤行？聖經最重要的是令我們理解到：上帝呼喚我們乃是讓我們享受與祂相通的喜樂，並理解只有祂才能令我們洞察生命的意義。這本書會幫助我們在學習面對及解決生命中種種障礙和難題之餘，我們不會忽視了要與上帝同行這個豐盛的邀約。

目錄

第 1 章
與身分的掙扎
雅各 JACOB

每一個人面對最基本及重要的問題，就是「我是誰」和「我如何知道上帝是否愛我」，在聖經的第一卷書創世記，雅各曾經提出過這些問題。創世記三十二章22至31節中記載了雅各的掙扎，他的故事一直以來都令人深有同感，自古至今不少人經歷過同樣的疑問。這個疑問亦是這本書將會探討的不同主題。就像亞當與夏娃的故事，它可以是關於生命本身基本論點的比喻，亦正因為它代表了人類的掙扎，故可以算得上是論點的原始模型。

雅各和一位身分不明的陌生人格鬥，乃是人類與上帝的掙扎。我們一直不知道陌生人的名字，但雅各在事後的敍述中提到：「我面對面見了上帝。」這場搏鬥，乃屬神人之爭。

雅各在故事之中甚具代表性。首先，他代表了猶太民族。他獲賜之名乃為「以色列」，亦即「與上帝角力者」。

就是這個名字確認了選民與上帝的掙扎。雅各是以撒的兒子、亞伯拉罕的孫兒，他是一位「族長」，亦是開國的祖宗。他使整個以色列民族人性化。正如舊約聖經學者馮瑞德 (Gerhard von Rad) 討論這個故事時表示：「(這個故事) 包含了從遠古至敘述者的信仰經驗；其中更注滿了整個信仰歷史，亦即是以色列民族的出處……我們今天能夠觀察到以色列民族自古以來與上帝的關係。以色列民族的整個歷史，幾乎就預言性地由這個摔跤直到黎明的故事表達無遺。」[1]在故事之中，雅各這個人物亦代表了基督徒。保羅稱呼教會為「新以色列」，並堅持我們都是亞伯拉罕的子裔，所以我們都可以在雅各的行為中瞥見自己真正的影子，在雅各的掙扎裏體會到自己的掙扎。

創世記三十二章記述的遠古故事包含了我們將會探討的七種象徵元素。這個故事的描述充滿激情，既難以理解亦無法捉摸，但卻跨越時空挑戰我們今天的經歷。

旅程：「他夜間起來」

在創世記中，雅各的人生是一個尋找身分的故事。雅各難以接受上帝愛他，因為他是一個人，而上帝則要將他收納。雅博河邊的摔跤就是窮一生精力，嘗試接納上帝真正存在的事實。

從某方面看，雅各的旅程可說是由他媽媽利百加生下他的那一刻開始，當時他還抓著先他幾秒出生的孿生哥哥的後腳跟(創二十五26)。自出娘胎，雅各便活在他的哥哥以掃的影子下。以掃是父親的寵兒，當然令雅各黯然失色。在當時的社會，所有的榮耀及特權都歸長子，雅各時常感到害怕，亦感到自卑。他的生命充滿了劇烈的競爭。他感到自己屈居次席，便使用欺詐的手法佔得上風。雅各欺騙了他的兄長兩次。他以一頓飯的代價騙取了哥哥長子的身分(創二十五29～33)。當他的父親要祝福他的哥哥，以示保證承繼權時，雅各假扮以掃接受祝福。雅各不甘心接受上帝為他安排的生命，卻企圖為自己爭取更好的機會。雅各欠缺對上帝的信心，卻頑固地想要倚靠他自己的能力。在騙取了兄長的承繼權後，雅各卻不得不遠走他鄉，逃避兄長的報復。這段旅程代表了雅各尋找自己的身分，和要在生命中為自己做點事情的探索。

他從南方的迦南地攀山涉水數百哩，到了最北方的哈蘭(今天土耳其／敘利亞邊境)。他尋上了遠房親戚，舅父拉班剝削他，答應許配女兒拉結作他妻子，換他勞役二十年。這一段時期對雅各而言，是離鄉別井後，一段痛苦的流放期。他亦經歷到被人愚弄及欺騙的滋味了。在妻子拉結為他生下一個兒子後，他覺得是回家的時候了。憤怒的拉班窮追不捨，因為不願意讓女兒們隨他而去。一段漫長而艱辛的旅程，將他帶到與感情不和的哥哥以掃會面的地點。當雅各知道不能避免踏進以掃的領地時，他的擔心與恐懼便不停的噬咬他。他打算用上好的禮物取悅以掃。他的過去如影隨形緊跟著他，他的未來則展現在眼前：但他必須首先橫過雅博河。當他抵達河邊的時候，他在疲憊之中仍能感覺到自己的失誤和恐懼。他曾經玩弄別人，後來卻遍嚐受剝削之苦。他已備受傷害，是與上帝會面的好時機了。

我們在某些方面可以認同雅各的遭遇。在我們的生命旅途中，都曾經受過不少失望與創傷。上帝給雅各犯錯誤的自由與空間，對我們亦不例外。上帝賜我們自由意志，讓我們締造自己的旅途，作出個人的選擇。跟雅各一樣，我們總覺得難以相信上帝會對我們的生活有任何興趣。最重要的是，我們該懂得怎樣讓痛苦和恐懼過渡成為與上帝的會晤。

在今天這個科技發達的世界，人與人之間漠不關心，毫無人情味，我們需要再次發現我們在上帝眼中的真正價值。就像雅各一樣，我們會失去對自己真正尊嚴的洞察力。我們亦需像雅各在雅博河邊時所領悟到的教訓一樣，明白到我們真正的價值並不在乎別人的評論，而是在於上帝如何評論我們。

雅各在旅途中馬不停蹄，當他面對面遇見上帝時，他的心中充滿了各種疑慮，但他並沒有迴避上帝。在我們的旅程之中，我們也會有時候感到自己渺小，亦會充滿疑慮。但就在這個軟弱的時刻，上帝在水中等待我們，祂正召喚我們走到其中。

抵達前線：「他過了雅博渡口」

雅博渡口位於約旦河附近，形成了迦南應許地的部分疆界。這疆界代表了未來的開端，也代表了新開始的可能性；從多方面看，這疆界也標誌著局限。雅各正面臨自己的限制。他曾經努力鑽營，嘗試用他的聰明才智爭取成功，但現在他正察覺上帝希望收納他。雅博河象徵著前線，這分界標誌著他能力的極限，但亦勾畫出應許之地、自由之邦的邊緣。

面對雅博河，雅各本可從消極的一面考慮。這條河對他來說是一種障礙，一處令人裹足不前的地方。但他理解到，縱使河流暗藏著各種危險，這亦是過渡的地方，是跨越進入另一個地方的起步點。渡口對我們來說，是轉化的一個機會，上帝就在那裏呼喚我們鼓起勇氣，面對新的可能性。與上帝會面，本來就是一件冒險的事情，但亦令我們尋得力氣去跨越生命中的疆界——我們若願意對過去所發生的事情放開懷抱，我們便可迎向新的未來。

從雅各的觀望角度來看，他的視野一望無際。在他腳前躺臥著宏偉的約旦河谷，在遠方可以隱約見到死海上面升起的霧靄，再遠一點便是迦南應許地的羣山。我們有時需要從自我中心抽離，再次感受上帝的存在，才可真正意會自己的身分。我們若能夠萬事從大局考慮，我們便會開始對事情形成新的見解。我們每每將自己放在宇宙的中心。我們需要像雅各一般放眼世界，容許自己超越自我，並提醒自己，上帝就在我們的將來之中。

雅各在縱目四顧天地穹蒼之時，讓我們回味費伯(Frederick Faber)所作的讚美詩句：

神的憐恤如海一樣長闊高深……
神的仁愛超乎人的智慧所能理解……
我們因為自己的虛假和有限，
將祂的愛描摹得何等狹窄。
我們將祂的嚴厲，
吹噓到祂絕不會認同的地步。

經過水道：「過河」

雅各與上帝在雅博河的深處掙扎，那是旅客橫過的地方。摔跤的人在湍急的河流中糾纏，水花四濺的情景與創世記首章隱約類同：「地是空虛混沌，淵面黑暗；上帝的靈運行在水面上。」聖經的開端描繪了最初在水面上的紊亂，而上帝就在水面上開始祂的創造。對於創世記的讀者來說，雅博河的水流令他們聯想到出埃及記。對以色列人來說，水流強而有力地象徵著民族的自由，是每次逾越節時必會記念之事。摩西領族人走過紅海奔向自由，掙脫在埃及時為奴的身分及受欺凌的生活，紅海的水在他們過河後回流，將追趕他們的埃及軍隊捲去，片甲不留。

對於信奉基督的讀者而言，雅博河的水流令他們聯想到洗禮。基督徒相信洗禮的水是死而復生的象徵，見證著舊我及舊生活的逝去。我們經水洗後，便可在新生命中分享基督的復活，這是基督徒的「逾越節」，從死亡過渡到新生。

雖然洗禮只需施行一次，但我們每次復活節崇拜時都會回到水邊，親自再次經歷復活的勝利。我們要回到水中，在不斷的掙扎和鬥爭中尋求信仰生命的突破，節節新猶。基督徒的屬靈生命都帶有逾越的印記，亦即是死而復生的復活奧祕。奧古斯丁 (Augustine) 曾說：「我們是復活之民，哈利路亞是我們的讚歌。」

在第九章我們會更詳細地探討洗禮在日常生活中的重要性。目前，就讓雅各與上帝在水中格鬥這個情景，提醒我們，因應著我們每一天與洗禮的各項訓示而有的掙扎。我們生命的每一天都會在水中掙扎，在罪與自私中死去，重新在新的生命中脫穎而出。上帝會在我們生命的每一天呼喚我們，叫我們更完全地感受復活的奧祕，更徹底地讓復活節的意義更深層地影響我們的生命。我們不需要在水邊徘徊，以圖避開這場掙扎。

上帝邀請我們投入水中，與祂會面。湍急的水流是與上帝掙扎的地方，但正是在這個地方，我們將可以尋得解放與重生。

與上帝獨處：「只剩下雅各一人」

假如我們希望與上帝達致更深層的相交，我們必須在禱告之中留下獨處的時間。對雅各來說，這意味著他需要放下對其他人及對自己財產的執著。他已準備好離開家人獨處。

獨處是處理靈性掙扎的一個重要元素。我們必須要留出時間和空間，讓自己能夠以真面目與上帝相處。四世紀時的沙漠教父，會特意到曠野之中尋找上帝，他們覺得沙漠能夠令他們找到真理。在曠野中，他們好像進入了一個靈性赤裸的境界，在上帝面前脫下面具，並且無處可以躲避藏身。

要與上帝獨處，不是一件易事。這是一個要求甚高而且充滿危機的經驗。雅各並不知道應該怎樣做，但他直覺要獨自一人涉水過河。假如我們真的希望與上帝相會，我們必不能再躲藏在措辭華麗的禱告或學問高深的聖書的背後。這一切的「道具」都可能構成我們接觸上帝的障礙，將原本的康莊大道變得迂迴曲折。我們需要的是坦誠地面對上帝的勇氣，向祂剖白心裏的戀慕和恐懼。當我們進入獨處的狀態，亦即是解除了自我保護的一切防禦，與上帝赤誠相見。正如盧雲 (Henri Nouwen) 指出：

> 獨處是淨化和轉變的地方，深層的掙扎和相會之所在。獨處……正是基督把我們按照自己的形像再塑造的空間，這個世界令我們俯首為奴，祂卻自轄制中把我們解放出來。獨處的領域是我們領受救恩的地方。[2]

獨處其實亦是我們學習接受上帝的地方。雅各在一生之中，都習慣了我行我素，還會運用他的小聰明向上帝討好處。他在雅博河的獨處經驗令他了解到祝福乃源於上帝，靠的是在恬靜之中依附上帝，而非靠自我鑽營。今天的基督徒都面對同樣的問題，這個世界不停地告訴我們要靠自己的努力才會獲得成果。我們忙於訂定營運目標，壓力便從此而來，因為一切的豐功偉績都是全憑勞碌而獲。這個問題並沒有因為時代的變遷而改變：十六世紀的宗教改革其中最重要的爭論便是由這個問題引發的——我們追尋上帝究竟是靠著自己的善行，還是通過上帝的恩賜？

問題的癥結在於我們並不曉得怎樣接受上帝的恩賜，我們寧可自己動手。獨處教導我們學習這一項困難的課題——放棄老是想自己爭取成就的習慣，放開懷抱學習接受。

進入黑暗：「有一個人來和他摔跤，直到黎明」

雅各和神聖的陌生人的摔跤，是在夜間黑暗中進行的。十架約翰 (John of the Cross) 提出了「心靈的黑夜」一說。這位十六世紀的西班牙神祕主義者推出了三項理由，闡釋心路歷程的不同形態。首先，十架約翰指出我們在黑暗之中看不見四周環境。在禱告的深層考慮之中，將我們的五項感官完全放棄，因為感官會將我們維繫在物質世界之中，令我們不能拋棄自我滿足的欲望。第二，在黑暗之中我們不能輕易辨認清楚前路的障礙或彎角，所以只能倚靠信心勇往直前。「我們前行只憑信念，不靠視野。」在我們與上帝的關係之中，我們必須願意冒險，因為前路往往並不明確，我們前赴的方向乃屬未知之數。第三，黑暗就代表著上帝神祕的一面。上帝並不是我們可以隨便分門別類，繫上標籤的——祂遠遠超乎我們的理解能力。「心靈的黑夜」對十架約翰而言並非一個負面的經驗，反而是成長及療傷的時間。在他偉大的詩作之中，他曾寫道：

> 導我前行的黑夜啊！
> 你比晨曦更加動人！
> 你撮合了戀人和他的所愛，
> 令被愛的人在她的良人之中轉化！[3]

在十架約翰和雅各而言，黑夜是轉化的契機。黑夜代表著我們任由上帝在我們裏面作工、施展大能，是祂改造我們、指點我們、引領我們進入更深層委身於上帝的良機。

許多屬靈作者都運用「黑暗」描繪投入上帝神祕的臨格。英國十四世紀《未知之雲》(*The Cloud of Unknowing*)的作者便曾這樣敍述：

> 在開始的時候，你感覺到四周只有黑暗包圍著，就像一團未知之雲。你並不明白其中的意思，但隱約中感覺到有一個單純及持久的願望，令你伸出雙手探索上帝……任由自己在這黑暗之中等待吧，但不要忘記思念你的所愛：因為如果你在這一生之中能夠感覺祂的存在或目睹祂的面容，也必然就是在這朵雲彩之中，在這黑暗之中。[4]

在我們的屬靈生命中，這種處身於黑暗之中的經驗，可能令我們感到茫然不知所措，忐忑不安，甚至會覺得受到威脅。但是我們也可以採取另外一個角度，視之為療傷及真正與上帝相交的機會。正是這樣的一個黑暗時刻，雅各接受了不可言傳的祝福，但在此之前他仍得為上帝所傷。

受傷：「那人見自己勝不過他，就將他的大腿窩摸了一把，雅各的大腿窩正在摔跤的時候就扭了……日頭剛出來的時候，雅各經過毗努伊勒，他的大腿就瘸了。」

雅各當時幾乎面臨崩潰了。他好像一生都在逃亡——為了逃避以掃，他逃到北方；為了躲開從哈蘭來追趕他的拉班，也為了逃避上帝的憤怒——他一直都不敢面對上帝，躲過每一個可以向上帝陳情、承認過錯的機會。現在雅各已經不能再逃了。他的逃避表明了他多麼不願意面對令人尷尬的事實真相和內心鬥爭，和他希望操縱自己生命的欲望；他要四方騁馳、不受約束，他不願意聽命於人。

但雅各現在變成瘸子了，上帝摸了他一把，令他負傷。這令他再也不能不倚靠上帝了。上帝令雅各受傷，是要除去他的頑固、倔強和自我中心。在這一個時刻，雅各頹敗了；他已失去控制，上帝則成為主宰。上帝將他的反叛和任性的心態，徹底摧毀。

十架約翰的詩辭作品中時常提及「愛的創傷」：「聖手傷了我，令我得痊癒。」「黑夜」的創傷，對十架約翰而言，是我們在上帝面前放下「防衛機制」的重價。我們會運用自我保護的策略，將上帝拒於門外，令祂不能過分打擾我們！我們經常躲得遠遠的，目的就是為了保護自己，免得和上帝太過親近。但如果我們希望切實地體驗到現實世界之中的上帝，我們必須容許自己在上帝面前軟弱無助。總有一些事情要作出讓步。

這些「事情」通常就是我們希望控制一切的欲望，我們要作自己生命的主人，自己作出一切決定，為自己釐訂主次。但這一切的安排都可能是「迷失的自我」在不斷地抗拒上帝的恩賜和權力。十架約翰覺得我們應該在恆切的禱告中，容許上帝消磨殆盡我們囂張跋扈的利己主義，才會令到一個「新我」脫穎而出。我們考慮自己的「受傷」，那是「放棄控制」時所要面對的痛苦，正是我們剷除自私自利，再不容許利己主義操縱我們生命的轉捩點。這是一項損失，會帶來傷痛。

這就是今天的基督徒所面對的真正掙扎，因為這樣的教導與時下流行的一般看法，大相逕庭。今日的世代，處處標榜個人成功，推廣「只顧自己」的心態。我們相信通過上帝獲得的滿足，恰好與這種想法背道而馳：「因為，凡要救自己生命的，必喪掉生命；凡為我和福音喪掉生命的，必救了生命。」(可八35) 經文中基督提及的「救」字，也可譯作「醫治」。這一項基本的自我放棄，起初必然令我們感覺到傷痛，但日子久了便能醫治我們。因為由於我們願意放棄自己，我們會逐漸成為了上帝悅納的樣式，充滿信靠和順服，從而感覺到自己的圓滿。正如史拉德利 (Peter Slattery) 指出：

> 我們如果可以放棄自我主宰，全心全意倚靠上帝，隨之而來的必然是一種被徹底毀滅的感覺，但是這種憂慮其實並沒有甚麼根據。事實上，正因為我們理解到我們不能單靠自己，我們可以視之為一項表徵，證明自己已在生命之中逐漸倚靠上帝。[5]

雅各在靠近上帝達致圓滿之際，他的驕傲、自我中心及固執的確受到摧殘，但是他亦同時逐漸形成了對自己身分的嶄新認知。

新的身分：「那人說：『天黎明了，容我去吧！』雅各說：『你不給我祝福，我就不容你去。』」

雅各本來偏行己路，現在卻依附著上帝。他曾不擇手段蒙騙父親，爭奪長子的祝福，現在卻在徹底的倚賴中向上帝呼求。

雅各這一副在水中緊緊抓著上帝的模樣，正清晰地闡明了基督的八福：「虛心的人(知道自己需要上帝的人)有福了！因為天國是他們的。」(太五3) 雅各和上帝的摔跤並不會令他馬上變成充滿公義和恩典的人，這個經驗是在於他除掉了驕矜，向上帝順服。

如是者，雅各取得了他索求的祝福，亦有力地證明了上帝對他的愛，並沒有甚麼附加條件。上帝更為他取了一個新的名字：「你的名不要再叫雅各，要叫以色列；因為你與上帝與人較力，都得了勝。」

雅各獲得新名字的那一刻，是上帝賜福的真確明證。上帝藉此宣稱了祂對雅各的眷顧，表明了雅各的獨特性——雅各得蒙上帝挑選，而且為他安排了計劃。新名字意味著揀選，上帝寵愛這個人。新名字亦表明了上帝對每一個人都有獨特的安排。但雅各在雅博河所得的新名字有甚麼寓意？雅各的名字本作「攫取者」之解。這個將代表一個國家、上帝選民的新名字，意謂「與上帝摔跤者」。

上帝將這個名字給予雅各時，已經明白選民與祂的關係是從掙扎中不斷磨煉而來的，並認為這種持續的掙扎是可接受的。這是屬靈旅程中的一部分。我們應該面對，而不是逃避。當我們接納與上帝的掙扎時，我們會獲得新的力量，並會更加清楚理解自己的身分。雅各這一位「攫取者」變成了以色列、上帝的戰士。基督曾經向世世代代的基督徒應許：「得勝的，我必……賜給他……新名」(啟二17)。在我們與上帝的掙扎之中，我們也許都會經上帝展示，發現自己獲得一個新名字。如果我們願意接納祂，上帝也會在水中的掙扎緊抓著我們不放，並確認我們為祂所愛。

創世記的敍述繼續指出：「雅各舉目觀看，見以掃來了」(創三十三1)。雅各馬上就要面對他所恐懼的長兄了。他經歷了一段美好的復和時刻，然後繼續上路進入應許地：「雅各……平平安安的到了迦南地的示劍城……在那裏築了一座壇，起名叫伊利・伊羅伊・以色列(就是上帝、以色列上帝的意思)。」(創三十三18、20)

反思和討論問題

1. 在這一章和創世記的敍述中，哪一段對你影響最深？試述詳情。為甚麼？
2. 在今天的社會裏，你認為甚麼事情令我們覺得身分受到威脅？甚麼可以令我們感到肯定？我們可以如何互相鼓勵？
3. 我們如何可以每一天都活出已受洗的上帝兒女身分？這種生活如何改變我們面對挑戰的態度？

禱告練習(可選以下形式)

範本一：

請緩慢地、以禱告的心閱讀詩篇一百三十九篇1至18節。當你默想這段經文時，請將你的疑慮和不安交託給上帝。你在靜寂中等候時，準備接受上帝包容一切和肯定的愛，聽祂在微聲中告訴你：「你是我的愛子，我所揀選的女兒：我甚是喜悅你！」然後寫下你自己短短的「詩篇」，以慶祝上帝所賜給你的獨特性，並用以下查爾斯·衞斯理（Charles Wesley）的聖詩結束你的禱告：

來吧，不知名的旅客，
我雖不能看見，但仍緊抓著：
我以往的相識已經離去，
現在只剩下我和祢獨處；
我要與祢今宵相處，
並且摔跤直至天明。

我不需要向祢論述自己，
數說我的痛苦或罪惡；
祢經已頻呼我名，
祢可望向祢手所指處：
我再三問祢，祢是何人？
請告訴我祢的名字，現在就告訴我吧……

是祢的愛，令祢為我犧牲！
我在心中聽見祢細語喁喁；
晨曦驅散了陰霾魅影，
祢是宇宙之神聖純愛：
祢的憐憫被及普世；
祢的聖名與特質就是「愛」！

範本二：

將水慢慢注入一個玻璃容器內，喚起自己對洗禮的回憶。反思新的洗禮儀式及其應許。

跟隨基督就是向罪死亡，並與祂一起復活進入永生。

你是否願意拒絕魔鬼，永不背叛上帝？

我願意。

你是否願意放棄欺騙，對抗罪惡的腐朽？

我願意。

你是否願意摒棄令我們與上帝及鄰舍隔絕的罪惡？

我願意。

你是否願意歸向基督，以祂為救主？

我願意。

你是否願意順服基督，我們的主宰？

我願意。

你是否願意跟從基督，我們的道路、真理、生命？

我願意。

上帝已經通過洗禮接納你進入祂的教會，願祂沛降豐盛的恩賜給你，令你在信奉基督的朝聖羣體之中，每天都得到抹膏聖靈的更新，並在榮耀中得享眾聖徒的產業。阿們。[6]

註釋：

1. von Rad, G., *Genesis.* Old Testament Library (London: SCM Press, 1972), p. 320.
2. Nouwen, H. J. M., *The Way of the Heart* (London: Darton, Longman & Todd, 1981), p. 31.
3. Kavanaugh, K. & Rodriguez, O. (Trs.), *The Collected Works of St John of the Cross* (Washington DC: Institute of Carmelite Studies, 1991).
4. Wolters, C. (Tr.), *The Cloud of Unknowing* (Harmondsworth: Penguin, 1961), p. 53.
5. Slattery, P., *St John of the Cross* (New York: Alba House, 1994), p. 97.
6. *Common Worship: Initiation Services* (London: Church House Publishing, 1998).

第 2 章
與改變的掙扎
路 得 R U T H

我們生長的年代，變幻莫測，毫不間斷。我們不斷地受到急劇的變化所影響，並經常感到自己趕不上潮流。無論在科技、科學、醫學及教育各方面，迅速的發展都令我們應接不暇。在這些現代的改變之外，我們還得處理傳統帶來的變更：婚姻、遷徙、生離、死別、病痛及殘疾等等。我們喪失親人或改變生活方式時，需要面對新的環境和挑戰，這些改變會否影響我們的屬靈生命及與上帝的關係？我們如何可以鼓勵一種放開懷抱，接受新事物的態度？我們生活在今天，如何解除對未來的恐懼？

紐曼 (John Henry Newman) 指出：「在世上生存就是要作出改變，而希望達致圓滿，更需時常改變。」當改變能夠激發個人發展時，效果是正面的，但是當我們要放棄一貫以來都保持得很好的安全感，便會帶來受威脅及痛苦的感覺。我們時常聽見有人說：「我們這裏不要改變！」外在的改變，往往引發內心的變遷——我們的概念及觀點，甚至內心鬥爭，都會在我們增進知識的同時產生。我們如何才可以尋得一種方法，既能增長靈命，發展信仰，而亦不會逃避或拒絕上帝要我們面對的衝擊？

舊約聖經之中路得的故事，發人深省。她生活的世代充滿動盪變遷，是以色列歷史上的士師時期。約書亞帶領民眾進入迦南地，但故事並未完結，猶太各族不斷要抵禦滿懷敵意的當地民族。這一個時期之中，領導層舉棋不定：「那時，以色列中沒有王，各人任意而行。」（士二十一25）拿俄米為了脫離這混亂的局面，離開了她的家鄉伯利恆，與她的丈夫在約旦至摩押地間找尋糧食。她的兩個兒子迎娶了兩個摩押女子為妻，一個名叫俄珥巴，一個名叫路得。及後十年之間，拿俄米的丈夫與兒子都相繼死了，三個寡婦無以為生，拿俄米便決定返回伯利恆，並與媳婦道別，差她們各自返回娘家，然而她們都難於抉擇。俄珥巴聽從拿俄米，動身返回自己的村落，但路得卻堅持陪伴拿俄米，前赴一個陌生的地方，面對吉凶未卜的將來。她對拿俄米說：「你往那裏去，我也往那裏去；你在那裏住宿，我也在那裏住宿」（得一16）。

回應改變的不同方法

路得經歷面對生命之中巨大變遷的掙扎。首先，她要面對喪夫之痛。我們雖然不知道導致他死亡的原因，但他年紀尚輕，他的死到底是個悲劇，亦是意料之外的——路得可能完全沒有任何心理準備。在她身處的社會之中，失去了丈夫就等於失去了社會身分；她現在是一個寡婦，既沒有收入，更沒有安全感。其次，她面臨的抉擇，就是該回到她出生的故鄉，還是前去一個自己並不熟悉的地方。路得表現了廣闊的胸襟和過人的勇氣，選擇與拿俄米一起上路，跨越約旦河。她擺脱了不斷冒頭的惶恐，並拒絕「按常理地」小心行事，與自己的族人為伍。她並不肯像某些痛失親人的人一樣，輕易地變成死氣沉沉，或向憂傷低頭。她雖然身處逆境，但卻斷然拒絕厄運帶來的愁思，更不願意接受引誘，終其一生守株待兔，盼望好運的來臨。她要與拿俄米上路，她深知在未來的生活中，她會是一個外人（參得二6、10），但她勇於面對結識新人新事、新社會及新文化的挑戰。路得已作好心理準備，與舊的生活方式，甚至自己的父母，一一道別（得二11）。她要脱胎換骨，棄舊迎新。她再三向拿俄米保證：「你的國就是我的國，你的上帝就是我的上帝。」（得一16）

從這些説話看來，路得開朗的屬靈素質，甚為出人意表。她願意拋棄自己熟悉的偶像，踏上征途尋找一位素不相識的真神。她在伯利恆將會遇到的上帝，會是甚麼樣子的呢？會有人告訴她，這位上帝風塵僕僕，在朝聖的道路上陪伴她們踏上從受壓迫奔向解放的歷程。會有人告訴她，這位上帝常與祂的選民在一起，日間以雲柱帶領他們，晚上以火柱引路。她會發現這位上帝不斷為祂的選民開創新的未來。

路得接受改變的開明態度，與拿俄米和俄珥巴自我保護的策略，形成了鮮明的對比。我們並不知道生命中會發生甚麼事情，但我們卻可以選擇應變的方式。俄珥巴對喪夫之痛的反應是返回她的本國和她所拜的神那裏去了（得一15）。退避到一個私隱世界，依附熟悉的事物，關上心門不問世情，這固然是處理打擊的一個辦法，但隨著這個辦法而來的，卻是危險的自憐、只看見自己的不幸和封閉自己，拒絕考慮其他選擇。這種逃避世界的方法，令我們麻痺自己的痛苦，漠視自己的恐懼，與此同時亦將自己與世隔絕，看不見上帝為我們準備的新機會。俄珥巴選擇了避世，這個好像提供了庇護及安撫的處境，亦可能關上了新機會和成長的大門。

拿俄米看來亦不斷回顧，返回耶路撒冷的部分原因，可能是因為懷舊之情。她是否希望時光倒流，從而抹去在摩押失去親人的痛苦回憶？她是否回想起身處家鄉時自己的「黃金年代」？這一種後退式的做法，是另一種處理方法，能夠令人不能長進，裹足不前。當她抵達伯利恆時，她告訴村婦們：「不要叫我拿俄米（就是甜的意思），要叫我瑪拉（就是苦的意思），因為全能者使我受了大苦。我滿滿的出去，耶和華使我空空的回來。耶和華降禍與我，全能者使我受苦。既是這樣，你們為何還叫我拿俄米呢？」(得一20、21) 拿俄米對自己所遭受的苦難，感到憤憤不平；她沉溺在自憐之中，字字苦澀，影響著她與上帝和與人的相處關係。在她看見伯利恆的婦女與丈夫和兒孫共聚一堂時，豈不更會妒火中燒？

一段信仰的朝聖旅程

路得滿懷勇氣地踏上了從摩押橫過約旦河，向伯利恆進發的旅程。這趟旅程代表了上帝向我們發出邀請，要我們窮一生作為一個朝聖者。上帝呼召我們超越自己的極限，與祂同行。路得離開了自己的家園和朋友，一心要尋找這位上帝。在路得的性格中，有兩種出色的特質，令我們可以參考她如何處理面對變遷：不設防禦和堅韌不拔。首先，她能夠做好準備，不設防禦，接受冒險。也許她明白到，其他婦女所採用的自我保衛的措施，其實會變為阻礙自己尋找上帝、創造將來的絆腳石，是以她願意向未知的將來跨步出去。她對伯利恆一無所知，又將一切熟悉的技能和支持都留在身後，與她同行的，就只有拿俄米。但她充滿信心前行：雖然她並不熟悉以色列的上帝，但卻願意信靠祂。

第二，她令我們覺得她是一位意志堅定的人。路得的這項選擇，其實並不輕易，她確實經歷了不少掙扎。

俄珥巴返回家園，拿俄米又要遠赴伯利恆，她自己夾在中間：留下的誘惑一定不少，況且拿俄米又極力游說勸她不要和自己一同上路（得一10～13）。拿俄米坦言自己並沒有甚麼指望，跟著她根本沒有好處，她用盡了一切辦法勸阻路得。故事繼續發展：「拿俄米見路得定意要跟隨自己去，就不再勸她了。」（得一18）路得經已立定主意，因為停滯不前、從此遁世是不對的。拿俄米的勸阻好像頭頭是道，並打動了俄珥巴。路得要與家人告別，並不是一件容易的事，但她明白到，上帝有時候會要求我們放棄妨礙我們健康成長的累贅。我們必須冷靜下來，以雪亮的眼睛分辨甚麼會幫助、或會阻撓我們成長，並應該當機立斷。路得把目光投向遠處呼喚她的地方，她似乎預先理解耶穌的教導：「手扶著犁向後看的，不配進上帝的國。」（路九62）

抵達伯利恆之後，路得要面對作為外邦人及不受歡迎的種種衝擊。當前最大的問題，便是赤貧與飢餓，但她並不自怨自艾，反而採取主動。時值伯利恆收割的季節，窮苦的人獲准許下，可以撿拾收割者餘下的麥穗。她懂得把握機會，剛好符合耶穌教訓只顧私己利益的門徒：「我告訴你們，舉目向田觀看，莊稼已經熟了，可以收割了。」（約四35）舉目環顧意義重大，這種時刻警醒、尋找機會，不甘心垂頭喪氣或顧影自憐的精神，正為路得開創了新的局面。她隨時準備為她窘迫的境況，作出建設性的行動；她願意長時間工作，從早到晚並不休息（得二7）。「路得就去了，來到田間，在收割的人身後拾取麥穗。她恰巧到了以利米勒本族的人波阿斯那塊田裏。」（得二3）她「恰巧」、「剛好」，還是上帝的介入，使她與波阿斯邂逅？他原來與路得的亡夫同族，是一個高尚慷慨、對她寬厚熱情的人，並在那裏等她：「自從你丈夫死後，凡你向婆婆所行的，並你離開父母和本地，到素不認識的民中，這些事人全都告訴我了。願耶和華照你所行的賞賜你。你來投靠耶和華——以色列上帝的翅膀下，願你滿得他的賞賜！」（得二11、12）波阿斯是否知道上帝會藉著他來成就祂對路得的賞賜？他引用麻鷹展翅保護弱小的比喻，形容上帝眷顧弱質，但同一個形像亦代表了以色列傳統之中充滿力量的上帝，帶領選民奔赴前程。上帝在西乃山對摩西述說出埃及的經歷時說：「你們都看見了……我如鷹將你們背在翅膀上，帶來歸我。」（出十九4）路得將會發現，上帝不但展翅保護她，並更將她提升到一個新的境地。

在拿俄米的促使下，路得在波阿斯一天辛勞之後休息的時候，在他腳旁躺臥著，溫純地表示她願意嫁給他（得三1～7）。她再一次主動地將自己處於沒有防禦的處境之中，但波阿斯並沒有因此而佔她的便宜。當他早上起來看見路得睡在他的腳旁，他本著對她的尊重，忠厚地用毯子蓋在她身上，直至破曉（得三8～13），他又祝福她並稱她為「賢德的女子」(得三11)。波阿斯必須尊重本國傳統，族人之中最近親的一位，可優先以近親的資格，要求迎娶路得，並獲得她所承繼的一切財產。是故，他沒有大刀闊斧，反而謹慎行事，直至事情圓滿解決(得四1～6)。在上帝的旨意之中，至近的親屬並不打算行使他的權利，要求迎娶路得，這麼一來，路得便可以與波阿斯成婚了。在他們的婚禮上，城中的長老祝福路得(得四11)，願她可以「建立以色列家」，就像陪伴雅各橫渡雅博河的兩位妻子拉結和利亞一樣(創三十二22)。路得就是這樣成為了與上帝掙扎的人之一，她的生命亦奇妙地與上帝將來的計劃，連在一起。

上帝賜她的福分，還未完結：「耶和華使她懷孕，生了一個兒子。」(得四13)這一個兒子俄備得，將會展示上帝的意旨在作工，及開創未來的道路。路得有沒有機會，親自摟抱曾孫子？他的名字是大衞，注定要成為以色列的王(得四22)。路得這位從摩押遠道而來的婦人，她的賢能令她備受尊崇。馬太福音首章在追溯耶穌的族譜至大衞及亞伯拉罕時，亦有提及路得。她在上帝的拯世大業中，扮演了一個意義重大的小角色。她是將耶穌與以色列的先祖貫連起來的其中一環。上帝作工，將她的小故事編織進了一幅大圖畫，並將希望傳遍天下。雖然當時她可能無法預知未來，但她卻讓自己成為神聖旨意的一部分。如果我們能夠學習路得，鼓起勇氣處理變遷，以坦蕩的胸懷接受上帝，誰能預料可能發生的事情？

面臨變遷時，我們在哪裏可以找到幫助我們塑造靈性的指標？我們如何可以像路得一樣，對上帝所展示的未來，採取開明態度？我們怎樣才可以學習得到，在處理變遷的時候，不忘將自己融入上帝的恩賜及大能之中？讓我們參考十八世紀時期寫作的一段精彩文章，然後再看新約聖經怎樣教導如何回應上帝呼召我們作出改變。高薩德（Jean-Pierre de Caussade）寫作的《在天意當前放棄自我》（*Self-Abandonment to Divine Providence*）鼓勵我們在改變之中尋找屬靈意向。這一部著作的寫作目的，是為了抗衡寂靜主義（Quietism）這一門異端學說。在當年，費尼朗大主教（Archbishop Fénelon）及蓋恩夫人（Madame Guyon）均有著書，推崇寂靜主義的思想，並且在歐洲甚為流行。這一個學系鼓吹，假如希望與上帝達致融和，最可靠的方法就是在上帝面前保持被動性，容許上帝以統治者的身分，教導及引領靈魂在寂靜中冥想。寂靜主義的影響，極端一點的是要求追隨者完全遁世，抹煞了人的意志，終止所有人為的努力，從而令自己完全交託在上帝的手中。高薩德能夠理解這一派系學說的論點，但亦感覺到這種思想內部潛伏的危機。他的教導指向一個更好的辦法，就是主動尋求與上帝的旨意通力合作，從而達到共襄善舉的作用，正如保羅在羅馬書中提出的理念一樣：「我們曉得萬事都互相效力，叫愛神的人得益處，就是按他旨意被召的人。」(羅八28) 高薩德相信上帝在這世上極為活躍，按照祂的神聖計劃引導天下萬物。我們需要隨時警醒，並對上帝的工作作出回應，容許祂在改變之中運用及指揮我們的生命。我們需要訓練自己，讓自己可以理解上帝在這「充滿機會和改變的血肉生命」之中的旨意。

以這一刻作為聖祭

高薩德為我們提供了「以這一刻作為聖祭」這驚人的句子。他教導我們不要活在過去，也不要擔憂將來，只管將自己在今天、在目前這一刻完全奉獻給上帝。正如保羅所説：「看哪！現在正是悦納的時候；現在正是拯救的日子。」(林後六2) 詩篇的作者亦求告於我們：「惟願你們今天聽他的話」(詩九十五7) 。在今天，就在這一刻，上帝希望與我們相遇。我們怎麼可以生活在盼望之中呢？高薩德驅策我們應常存不斷向上帝委身的態度，不論條件、不設限制，令我們成為聽命於祂的事奉渠道：「我們要互相愛護，希望成為上帝行事的器皿，令祂的愛可以在我們當中及通過我們，傳至地極。」[1]我們一生應對上帝謙卑和信賴，並對祂的意旨和作工，充滿信心。我們不應尋求自己的滿足，反而要尋找祂的國度：「不要再參看地圖了，你也許覺得前路茫茫，但跟隨你的道路勇往直前吧，前路將展現在你的眼前。你只管在愛心與順服當中，尋找上帝的國度和公義吧，你一切所需，祂都必將賜給你。」[2]我們若願意將自己交在上帝的手中，讓祂為我們開闢前路，我們將須「投身激流」。

上帝會如何領導我們評估我們要面對的變遷，以及作出決定呢？高薩德認為，祕訣在於我們在上帝手中的可塑性：如果我們將自己的天分及能力，都交由上帝掌管及使用，並開明地接受一切可能性，我們是可以在自己的「本能衝動」當中，瞥見上帝的旨意的：「這就是我們為甚麼經常要保持單純和順從，並對自己幾乎是難以理解的衝動，作出回應。如果上帝是掌管我們這些衝動的話，祂會用以榮耀自己。」[3]在另一章節之中，他又指出：「任何直覺或靈感，都只不過是上帝旨意的發表而已。」[4]

他繼而鼓勵我們，要「作好謙卑及聽命的準備，願意跟隨恩典的引領」。[5]但是我們如何得知，我們對這些神示的驅動是正確的演繹，而非自我迷惑？高薩德認為，一個真正向上帝奉獻一切的靈魂是能夠理解神聖意旨的，也可聽取具有辨識恩賜的靈交友人或屬靈導師的意見。

他更指出，在這一生之中，我們未必時常可以自覺地辨認到上帝的工作。他覺得我們的生命就好像一幅織錦掛毯。我們也許只能看見藝術品的背部。當我們按著本分各盡責任、面對挑戰時，或會覺得目前的境況一片混亂，並沒有清晰可辨的圖案藍圖：

> 要完成這個責任，就是每一刻都在這幅織錦掛毯上，繡上細微的針步。就是這些不明朗的針步，交織出上帝的奇妙大業。我們可能間中可以領略到一點預感，但是若要洞悉奧妙，便有待審判之日的到來。[6]

我們通常只可以在事後才看見錯綜的彩線繡出的到底是甚麼圖案；亦只有在天國之時，才會充分理解我們的生命，在美麗的織錦掛毯的正面上，構成了如何動人的藝術品。當我們還是深陷其中的時候，可能很難理解上帝要展現的設計，所以更加必須持守信心，無時無刻都要堅定地履行自己的義務。

高薩德提醒我們上帝無處不在，並正在開展祂的計劃，但祂亦尊重人的自由及人會抗拒祂的促使的自主性。我們應當培養在生命的小事情之中，對上帝的臨在保持警覺的態度。他的教導，可以用「每一刻都是上帝的啟示」這一句子，作為總結。我們不需要在過去中尋求上帝，也不用等待明天。上帝這一刻就在我們當中，我們當前要務，就是要保持敏銳的觸覺，和留意傾聽祂的曉諭。

但當我們遇到痛苦及劇變時，又該如何處理呢？

我們是否應該將事情看成是上帝的旨意，從而樂意地接受呢？我們是否應該奮起抗拒？高薩德告誡我們不要為上帝的計劃設下限制或疆界。祂是一位「令人驚訝的上帝」。祂的工作是不可預料、不合常理的，我們要為一切可能性作好準備：「在我們的旅途中碰見的可怕事情，都沒有甚麼大不了。一切的不如意，都能為我們的生命添上美好的經歷。」[7]就連困境在上帝手中，都可以成為我們成長的途徑：「在上帝裏，我們失去愈多，得著也愈多。祂從我們取去的物質愈多，祂賜我們的靈糧便愈豐盛。」[8]我們不應該厭惡逆境，應該聆聽上帝通過這些經驗對我們的教導。我們要訓練自己「利用每一個機會裝備自己」。[9]

我們可以如何培養對上帝的開放態度呢？如何可獲得高薩德所指「上帝這一生之中的引導最微妙的智慧」？他指出我們通過與上帝相通的生命，容讓耶穌基督作為我們生命的中心，便可以令我們達致這種智慧。這位願意在我們生命中存活的基督，充滿「高尚、仁愛、自由、安詳，並無所懼怕」。高薩德心中的遠象，就是每一個人的生命都具備基督的樣式，並能夠鼓起勇氣順從基督。這就是明白「以這一刻作為聖祭」的奧妙。

當我們讀新約的時候，我們會察覺到這正是一份邀請：我們要改變自己，令自己與耶穌基督更為相似。耶穌在開始傳道的時候，便迫切地要求我們：「日期滿了，上帝的國近了。你們當悔改，信福音！」(可一15) 在今天，基督仍然堅持上帝的國度就在眼前。上帝的國度是一種新的生活方式，在這種生活當中，上帝是真正的君王及統治者，在混亂之中為我們帶來秩序。如果我們希望充分探索這一方面的可能性，我們便必須改變自己——「悔改」的意思，就是叫我們「整個改變過來」。我們必須在危難的時候，放下防禦性的自我保護，並以堅定的勇氣，將自己暴露在上帝的恩賜和權能之中。

耶穌再三強調：「耶穌便叫一個小孩子來，使他站在他們當中，說：『我實在告訴你們，你們若不回轉，變成小孩子的樣式，斷不得進天國』。」(太十八3) 我們面對的挑戰，就是要徹底地改變自己，令自己更像一個小孩子，隨時準備信賴和接受 (可十15)。這個呼召是叫我們放棄操縱及安排自己生命的天性，保持開放的態度，允許上帝引領及塑造我們的命運。要對這一項呼召順服，我們必須經過痛苦的掙扎，才可以放棄我們對自己能夠自給自足的一份自負。

新約之中最中心的掙扎，正是我們傾向以自己為中心的天性，不斷地與我們受到神召驅使的屬靈感動抗衡。我們將會在第九章更加深入討論這個問題。我們往往舉棋不定：正如保羅所說：「體貼肉體的」，表明我們老是頑固地不願倚靠上帝，而「體貼聖靈的」，則是順服上帝的意旨的體現。這兩種不同的生活方式 (羅八7)，互相對立。

解脱困境的辦法，就是開展改變自己的過程。保羅再三叮嚀：「不要效法這個世界，只要心意更新而變化，叫你們察驗何為上帝的善良、純全、可喜悅的旨意。」(羅十二2) 這是基督教的中心思想：我們受到邀請作出基本的改變，逐步地加深接納基督回應這個世界的方法：「主就是那靈；主的靈在那裏，那裏就得以自由。我們眾人既然敞著臉得以看見主的榮光，好像從鏡子裏返照，就變成主的形狀，榮上加榮，如同從主的靈變成的。」(林後三17～18) 當我們逐步向聖靈退讓時，我們亦都從妨礙成長的自我破壞中，漸漸獲得釋放；這種自我破壞，可以從拿俄米和俄珥巴的行為，略見其影響。聖靈在我們的生命中作工，帶領我們脱離例如爭競、忌恨、嫉妒和自私 (加五20、21) 等對自己的遭遇的負面回應，並能像路得一樣，以忍耐、溫柔及節制等聖靈的果子應對 (加五22～23) 。總括來説，基督徒要更加努力地效法耶穌基督，以祂作為生命的模範，對上帝常存順服及喜樂的心懷。主基督曾親自教導我們禱告：「願你的國度降臨，願你的旨意行在地上。」

這一種內在的改變，是依基督作為模範，由聖靈所驅使的；這種改變令我們得到力量，以勇氣和開放的態度，正面地回應我們生命中外在環境的變遷。路得的一生令我們看到正面回應生命的各種可能性，她的經歷正好印證了福音所發出的主要號召：我們要改變、要對過去釋然、要將自己暴露在聖靈的恩賜及耶穌基督的大能之中。這當然代表我們需要與自己的頑固和自我保護的傾向掙扎，但這途徑亦是通往成長及喜樂的康莊大道。

反思和討論問題

1. 你能否指出自己的生命有沒有受到自辯或自我保護的影響？試看你能否找到不同的方式，面對目前的問題。
2. 你對路得具備的兩項特質——不設防禦和堅韌不拔——有何回應？你察覺到矛盾的存在嗎？
3. 你對高薩德的論點「任何直覺或靈感，都只不過是上帝旨意的發表」，有甚麼體會？你在這方面有甚麼經驗？

禱告練習(可選以下形式)

範本一：

按照羅耀拉的依納爵(St. Ignatius of Loyola)的建議，反省你過去二十四小時之內的經歷。請求上帝幫助你辨識祂在一天之中的臨在，以及祂在每一個處境之中對你有甚麼要求。試寫出你對每一件事情的反應和感受，並有否察覺到高薩德所指的「衝動」、「直覺」及「靈感」。你覺得上帝有沒有在上述觸覺中感召你？在你一天的日程之中，上帝有否在一些突出事故中，邀請你作出某程度的改變？請對錯失了的機會，或因為自我保護而對上帝的提醒不加理睬的，表達婉惜。對上帝今天對你的恩賜，獻上感謝，並下定決心，明天會對上帝的帶領更為警醒。

範本二：

畫一條橫向的時間線，將你的生命分每十年為一個階段。將你的生命之中已經發生的事情或變故，寫在時間線上。在記憶每一件事情時，請你找出上帝對你的恩賜及引領，機會的展現，和結束與開端的交替。對上帝恆常助你度過難關，獻上感恩。誦讀詩篇二十五篇，以更新你對上帝的信靠。

註釋：

1. Muggeridge, K. (Tr.), *The Sacrament of the Present Moment: Jean-Pierre de Caussade* (London: Fount, 1996), p. 46.
2. Muggeridge, *The Sacrament of the Present Moment: Jean-Pierre de Caussade,* p. 75.

3. Muggeridge, *The Sacrament of the Present Moment: Jean-Pierre de Caussade,* p. 32.
4. Muggeridge, *The Sacrament of the Present Moment: Jean-Pierre de Caussade,* p. 77.
5. Muggeridge, *The Sacrament of the Present Moment: Jean-Pierre de Caussade,* p. 79.
6. Muggeridge, *The Sacrament of the Present Moment: Jean-Pierre de Caussade,* p. 72.
7. Muggeridge, *The Sacrament of the Present Moment: Jean-Pierre de Caussade,* p. 40.
8. Muggeridge, *The Sacrament of the Present Moment: Jean-Pierre de Caussade,* p. 54.
9. Muggeridge, *The Sacrament of the Present Moment: Jean-Pierre de Caussade,* p. 93.

第 3 章
與壓力的掙扎
以利亞 ELIJAH

近期的調查發現百分之六十的在職人士，在過去三年之中經歷了不同程度及種類的壓力。更重要的是，其中有百分之四十以上的人，覺得壓力在過去的一年之中，不斷增加。拙劣的管理系統、對高效的要求、競爭激烈的市場、不斷釐訂的目標、設法爭取勤工獎金，加上我們知道自己的一份差事朝不保夕，每一個人都超時工作——這些都是產生工作壓力的原因。除此之外，喪親、離異、婚姻問題、病痛、懷孕及財政問題等等，令現代人的精神狀況百上加斤，備受壓力。

究竟甚麼是壓力？壓力通常是由外在的因素造成，我們一旦吃不消，便會崩潰或患上嚴重的病症。壓力可以影響生命的每個部分，包括我們的行為、待人接物、身體健康(如：偏頭痛、潰瘍或心臟病)、靈性生活等，迫使我們感到禱告及靈命增長都受到阻礙。

在這一章，我們將會提問：我們每天遇到的壓力，如何可以拉近我們與上帝的距離？我們在掙扎之中，如何尋得上帝？各種不同的壓力，如何令我們體會生命中最重要的是甚麼事情？我們可以找到不同的方法避免壓力嗎？

首先，讓我們向偉大的先知以利亞請教。他是舊約之中的一個英雄人物，他的影響力更伸延到舊約時代之外。他的確是個重要的人物。在以利亞之後四百年的先知瑪拉基，以下列句子為舊約寫上休止符：「看哪，耶和華大而可畏之日未到以前，我必差遣先知以利亞到你們那裏去。他必使父親的心轉向兒女……」(瑪四5、6)。以利亞是代表彌賽亞將臨的先驅者。按照猶太傳統，每一次慶祝逾越節晚餐時，都會在餐桌上為以利亞設置座位，盼望他的到來驅動天國降臨。在新約中，以利亞被形容為「堅強有力」的人(路一17，《現代中文譯本修訂版》)，更被稱為最偉大的先知。耶穌亦有論及以利亞充滿勇氣及能力的事工(路四25)，還有以利亞和摩西一同在變像異象中顯現(太十七3)。耶穌確認以利亞的事工，已在施洗約翰的身上得以成全(太十七10～13)。保羅提及以利亞在面對極為不利的環境之下，作出的禱告(羅十一2～4)，而雅各則稱以利亞為代求者，其懇切的禱告「所發的力量是大有功效的」(雅五16下)。但在列王紀上的敘述之中，這個人曾經因為受壓過甚，有時還是因為自尋煩惱而產生的壓力，經歷與上帝的劇烈掙扎。

我們從以利亞的生平中，可以體會到他如何理智地處理壓力，並從他的錯失之中汲取教訓；我們也可以看見壓力在屬靈生命中造成的衝擊。

以利亞生長在以色列歷史中的黑暗時期。亞哈王的統治充滿惡事（參看王上十六30），並輕易聽信其妻耶洗別的擺佈。她是腓尼基一個拜多產神的祭司的女兒，她生性殘忍、擅權跋扈，一心希望在以色列興起拜巴力的異教。以利亞就是在這個時候，來歷不明地闖進了這個處境。究竟上帝分派給他的，是怎樣的任務？他的到來，是要維持君主制的公義準則，及在亞哈王誤入歧途時勸諫他。以利亞似乎超越了他的任務，為自己訂定了無法實現的目標，並令自己受壓重重的處境更加惡化。

製造高壓的處境

我們可以在以利亞故事的開端，便看見危險警號了。在列王紀上十七章，他去到亞哈王的跟前，告訴他上帝對他的裁判，便馬上將自己陷入險境。上帝告訴他：「你離開這裏，往東去……藏起來」（王上十七3，《現代中文譯本修訂版》）。耶洗別一定不肯放過這位引發事端的先知，所以上帝教以利亞尋得藏身之處。他在約旦河東面的基立溪找到水源，烏鴉在那裏供養他（王上十七4～7）。他繼而在撒勒法的寡婦家裏，找到食物和棲身之所（王上十七8～16）。旱災維持了三年，上帝差遣他去見亞哈王，預言雨水將臨（王上十八1）。以利亞遇到正直的俄巴底，得知亞哈王到處搜捕他，耶洗別則濫殺以色列的先知，要滅絕他們。俄巴底告訴他自己在祕密的山洞裏藏起了一百個先知，保護和供養他們。當以利亞見亞哈王時，他被稱為「使以色列遭災的」（王上十八17），但以利亞指出是因為亞哈王拜偶像，才令國家受災。他受到自己鴻圖大計的影響，打算揭發耶洗別的偶像是如何的不濟。他按著自己的意思，偏離了上帝交給他的任務範圍，挑戰亞哈王，要與巴力的先知一決雌雄，並吩咐亞哈王召集以色列民，在迦密山上見證此事，和作出抉擇。

以利亞為自己製造了兩個不必要的難題，令自己承受大量不必要的壓力。首先，他希望製造一個對峙的局面，這並不是上帝的意願。他為自己設立了一個無法達到的目標，企圖一舉消滅崇拜巴力的歪風。雖然他的目標是高尚的，但他卻讓自己的熱中和野心，蒙蔽了自己。用今天的術語，他變成了過分理想化、希望賺取成功的謀事者，並容許自己不切實際的期盼，支配著自己。第二，以利亞孤立地獨自行事，並沒有爭取別人協助。俄巴底已經告訴他，有一百位以色列的先知可以參與事工，但他卻單人匹馬，在迦密山上獨力面對四百五十個巴力先知。以利亞只是因為稟性頑固，所以才獨行獨斷嗎？他是否希望成為「烈士」，為自己贏取景仰和尊重？他是否受到自己野心的誘惑，希望將自己塑造為上帝最得力的先知的形像，所以不願意與有志分擔的同道聯袂赴敵？還是他純粹不喜歡與別人合作，只願意一個人幹？

無論他的動機是甚麼，他的確在迦密山上獨自面對漫山遍野的巴力先知。以利亞讓他們在他們的神面前準備牛犢，放在架起的柴枝上，然後叫他們請求巴力降火焚燒祭禮。先知們向巴力從早求到獻晚祭的時間，搞了大半天都沒有任何動靜，以利亞便訕笑他們（王上十八27）。在為以色列的上帝所修築的壇上，以利亞重複倒水，他進一步提高難度，將水三次倒在他為以色列的上帝所修築的壇、燔祭和柴枝上，令起火獻祭更加困難。水流在壇的四圍，澆濕了祭禮和木柴，他這樣作，實在為自己製造了不少壓力，但他仍懷著信心向上帝求告，請祂從天降下火來，以證神明。當上帝降火時，眾人皆稱頌以色列的真神，以利亞則把巴力先知們帶下處死。

耗竭的徵兆

以利亞心力交瘁、消耗殆盡的徵兆，可從他獨攀迦密山巔避開羣眾的行動，看得出端倪，經上亦有敍述他將臉埋在雙手中（編按：《和合本》譯作「將臉伏在兩膝之中」）。但這重要的一天還沒有完結。他七次差遣僕人出去觀看天上下雨的徵兆，然後通知亞哈王起程回朝，免得被雨阻擋，又堅持奔在馬車的前頭，跑了三十多里路！剛剛到達，便獲悉耶洗別要在一天之內，置他於死地。

得到這樣的消息，相信以利亞一定會心跳加速，熱血沸騰。他面臨一個抉擇：奮起對抗或是遠走高飛。他會面對敵人，鬥爭到底，還是一走了之？他決定選擇逃亡，躲得遠遠的，藏身在超過一百里外，位於以色列南方的別是巴（王上十九1～3）。在那裏，他獨自進入了南地的沙漠。這可能代表他像許多面對過量壓力的人一般，受到逃避主義的強烈引誘。這一段曠野經歷，代表了以利亞的內心狀態。當風在空盪盪的平原上吹過時，一股悲情在以利亞的靈魂中蔓延開去。他為何會在這麼短的時間內，情緒陷落得那麼快？事實上，所有的徵兆都已經出現了，只是沒有受人察覺罷了：耶洗別從不間斷的追捕、他不擅與人合作、超乎現實的目標等等，加在一起，將以利亞壓迫到尋死的邊緣。他在樹蔭中倒下，呼喚上帝：「耶和華啊，罷了！求你取我的性命……」（王上十九4）。在字裏行間，他覺得生命再沒有甚麼意思了，看不見自己還有甚麼前途。

以利亞的行徑是「耗竭」的典型指標，屬於精神崩潰的一種。他體力透支，故此處於極度過勞之中。他的屬靈能力亦洩流殆盡，因為他在迦密山的一役中，耗盡了內儲資源。他感到頹然不知所措，便向自憐的情緒低頭，形成了自我毀滅的傾向。當他發覺迦密山的勝利，並未能將耶洗別的拜偶像異教一舉消滅，以利亞便陷入了幻滅的失落。他明瞭到他一廂情願的希望太不切實際了，於是立即覺得自己失敗、無能。他喪失了自信和自尊，更對日後的事工感到無能為力。以利亞覺得上帝指派他擔當的事工，並沒有帶來滿足，反而令他感到受挫，意志動搖。我們可以從他與上帝的對話中，體會到他心中一定程度的憤懟。在此以外，以利亞離開了一直照顧他的僕人（王上十九3），令他更覺孤立無援。這些情緒恆久常存，每一個世代的人都經歷過。如果我們今天選擇以利亞的路向，犯同樣的錯誤，我們便會受到相同的情緒衝擊。最低限度，以利亞能夠與上帝交談，將他的怨懟，委託在禱告之中。他向上帝的呼求，充滿誠懇和坦白，並沒有藏起感情。交通的渠道既然暢順，通往新未來的前途亦在眼前開展。

上帝的回應

上帝如何回應以利亞的窘境？上帝的回應為我們提供線索，令我們可以更好地處理與壓力的掙扎。從以利亞的故事中，我們能夠理解到，上帝為以利亞安排的行動計劃內，有著一套十分清楚的主次秩序。首先，上帝回應了以利亞體力透支的需要，令他沉睡（王上十九5），然後又透過天使，使他得以充飢解渴，吃飽後繼續睡覺。要解決問題，最優先處理的，便是要恢復體力。

然後，上帝邀請以利亞踏上旅程（王上十九7）。這並非一趟普通的旅程，而是一段朝聖的行程，而目的地就是西乃山（何烈山），也就是「上帝的聖山」，亦是上帝向摩西顯現和賜法版的地方。上帝呼喚以利亞往西乃山，希望喚醒他，返回他信仰的泉源。以利亞在當時正需要記憶起自己的基本信念及信仰的根基和要素。在上帝供給了食物和力量給他之後，以利亞一直向南行，來到了上帝首次召集以色列人的地方。

當以利亞到達西乃山時，他退隱到一個山洞去，躲在一個黑暗的角落中等候。上帝問他：「以利亞啊，你在這裏做甚麼？」上帝藉著這個問題，希望以利亞能夠說出心中的期望。他是否真的已經準備好與上帝會面？他是否能夠坦然地更新自己的信仰？他是否仍然過分自覺，還是已經準備好與上帝坦誠相交？只有當我們處於欣然接受的心態之中，才能夠領受上帝的信息。我們需要拋棄妨礙我們長進的負面思想的枷鎖，令我們能夠接受上帝那令人重新得力的靈氣。上帝一再給以利亞倒空自己、排除疑慮的機會，令他心無雜念，而以利亞便將他內心的痛苦，排山倒海地向上帝傾訴。他所敘述的，是一種備受壓力的處事方式，他的觀點和思路往往充滿迷惘、有欠真確、近乎偏執：「只剩下我一個人。」他已經忘記了俄巴底曾經明明白白地告訴他（王上十八13），有一百個先知可以助他一臂之力。但這時他的禱告是一種坦白、 絕無矯揉的禱告。在這一種禱告當中，我們將埋在心底的恐懼，向上帝表白，並在祂面前拆除了所有的阻礙，誠懇地與祂分享我們內心的騷動與混亂。如果我們願意先行這一步，我們便可以與以利亞一樣，開始領受上帝希望賜給我們的福分。

上帝的回應，可以分為三方面。首先，祂讓以利亞認清自己；第二，祂訂立了一套實際的行動計劃，那是帶領他前路，如何分辨主次的辦法；第三，祂糾正了以利亞魯莽的思想方式。

以利亞得見上帝顯現，這件事情有甚麼寓意？「那時耶和華從那裏經過，在他面前有烈風大作，崩山碎石，耶和華卻不在風中；風後地震，耶和華卻不在其中；地震後有火，耶和華也不在火中；火後有微小的聲音。」(王上十九11、12) 在以利亞的生命來理解，上帝最明顯的意思，就是祂並不像以利亞在迦密山上那樣，希望藉著顯現大能，以贏取人心。烈火、地震、疾風等現象，代表著充滿壓力的工作形式，喧騰紛亂，而上帝卻不在其中，反而在擾攘過後的微小聲音中，在寂靜裏找到了祂。以利亞需要徹底地改變他的思考方式。他必須在生命之中分配時間和空間，讓自己的靈性和良知，聆聽和感受上帝對他的告誡。這些告誡往往被忙亂的、沒間歇的各種嘈音和瑣事擠塞著。以利亞必須學曉安靜下來的要訣，在他的事工中，發展在上帝面前處於完全靜默，讓上帝可以有機會看顧他，令他領受內心的治理和靈性的更新。這是防止未來耗竭的最佳良方。

上帝還賜他另一方法消除壓力。「以利亞聽見，就用外衣蒙上臉，出來站在洞口。」(王上十九13) 以利亞終於離開了藏身的角落，走出來站在外面，準備再放眼世界，投身未來。上帝在這個時候將一套訂明主次，毫不含糊的行動計劃，給予以利亞。他不可以馬上便將所有事情辦妥，他需要詳細地分辨甚麼是重要、甚麼是次要。「目前的逆境」必須成為過去，以利亞再不可以容許自己好高騖遠、擔負一個吃不消的任務了；他必須實際地考慮問題、訂定計劃，並安排自己按部就班、量力而為。上帝指出了三個明確的步驟，令他可以改變當時的政治環境，分別為敘利亞和以色列膏立新的王。他目前並不需要擔憂如何剷除亞哈和耶洗別，因為上帝自然另有安排。他必須服從這些指令，因為其他的一切事情都可以容後商議。上帝對以利亞的回應可以提醒我們，訂立目標是使生活減壓的重要對策。目標應該是合乎實際的、可達到的、可量度的、可駕馭的。這些目標會為我們提供清晰的焦點，減省沒有必要的題外話，以免我們浪費精力。

還有，上帝的計劃包括了一項令以利亞馬上減壓的措施：以利亞要膏立以利沙，與他同工，作他的接班人。以利亞再不需要孤軍作戰了。以利沙將是他的朋友和夥伴，並會照顧他（王上十九21）。我們可以看到以利沙並不會犯以利亞的同樣過錯，將自己孤立起來；他會和先知的門徒和羣體經常聯絡（參看王下二3～7、15～18，四38～44，六1～7）。後備和支援的機制已準備妥當。

但上帝還未離開以利亞，祂最後還是要糾正以利亞錯誤的思想模式。上帝邀請他再一次認真考慮實際環境，希望他重拾失卻的洞察力。上帝再三向以利亞保證，他並不孤單，事實上當時在以色列有差不多七千人不願向巴力屈膝（王上十九18）。以利亞必須自律，正面地考慮所有事實的真相及當前的處境，而永遠再不會忽略大局。就是因為有這七千個人，上帝希望以利亞能夠放棄偏執及自憐，並會以事論事、腳踏實地。

如是者以利亞得到上帝和一位同工的幫助，經歷了這段掙扎的時期。讀者可以在列王紀上二十一章至列王紀下二章，參考以利亞後來的事迹。他有沒有改變呢？他有否接受教訓？他將會再次面對有潛在壓力的處境，因亞哈王迫害拿伯而與王對抗，並揭發他謀害拿伯的牽連。但這一次他能夠保持冷靜，反而令他的舊仇人痛悔認罪（王上二十一27～29）。以利亞亦譴責亞哈王的兒子參問異邦的神（王下一章），當王派出五十個士兵捉拿他的時候，他們發覺「以利亞正坐在山頂上」（王下一9）。是以利亞學曉掌握對策，處變不驚，在風暴當中保持鎮靜了嗎？還是他終於接受教訓，為自己在忙碌的生活中，安排時間與空間獨處，向上帝禱告？

面對壓力時尋找靈性生活

當我們面對壓力時，應該到甚麼地方尋找靈性生活？就在以利亞經歷最大的衝突的山上，基督徒接踵而至，希望受到以利亞的事迹感召，建立羣體。首先，在公元五百年時迦密山上建立了一座希臘修道院。後來，拉丁語系的基督徒，因為受到以利亞的熱情和委身的感動，在十二世紀時來到了迦密山，追隨以利亞的正面模範，作為他們的生活方式。他們特別景仰以利亞對上帝臨在的警覺性：「我就站在永生的萬君之主面前」(王上十八15，《新標點和合本》修譯)。他們將以利沙要求「加倍的靈」(王下二9)當成是以利亞那代表著動靜合一的生活的典範。一二一〇年雅伯(St Albert)為誘導主內弟兄發展一套生活方式撰寫《紀律》[1]，其中提及到要在行動和靜修之間，求取微妙的平衡。雖然他的寫作對象只是迦密山上的修士，但他對生活安排秩序的提議，對我們來說亦極具參考價值。雅伯的理念是希望為迦密山上的修士提供一種統合的生活，在這種生活之中，所有的時間都成為聖，「日夜思考上帝的誡命」。雅伯指出，「共有的認同是道德的指標」，他更建議一種慎重而紀律化的生活方式，以保持四套相反意念的適當平靜與均衡。

首先，雅伯堅持在靜修及羣體生活之中、在獨處和與別人交往之間，一定要達至平衡。他認為：「你們每一個人都應該有自己的小居室」，令每一個修士都有自己私人生活和禱告的空間。沙漠教父曾經教導：「去吧，回到你自己的小居室中，你的小居室能教導你所有事情。」[2]小居室象徵著我們生活中需要保留一個可以獨處、不受騷擾的空間，我們在那裏通過期盼、等候及禱告，騰出自己為上帝所用。

雅伯認為，我們需要保留一個可以獨處、不受騷擾的空間。他教導我們，正如以利亞所發現的，我們若要剔除俗念、留心傾聽上帝的說話，我們有些時候是需要獨自一人與上帝相處的。但亦有另一些時候，一個羣體必須聚集起來，雅伯指出「禱告所或小聖堂應儘可能設置在小居室附近」。這代表了我們受到呼召要共同崇拜，羣體要一起禱告。修士們亦應在公共食堂一起進食，並聆聽聖經選段，和分擔羣體的公共任務。或聚集、或獨自一人，兩者之間必須維持具創造性的張力，互相支持。

第二，雅伯提議迦密山上的修士應該平均地安排工作及禱告、活動及休息。他堅持每一位修士都必須履行分內的工作：「你們必須為自己安排工作，令魔鬼時常看見你們勤奮工作；你們斷不可以因為怠惰的緣故，令魔鬼有機可乘，攻擊你們靈魂的弱點。」雅伯將每日的工作視為：「這是聖潔和良善的道路；你們必須依從。」

一天之始，該源於聖壇，及後的每個時段，都有禱告聚綴。《紀律》內註明每天都應守聖餐，聖加爾默羅修會認為以利亞在西乃朝聖途中，上帝賜餅令他存活，所以每天領受聖餐、與上帝相通，是維繫日常生活的象徵。再者，在每天之中都有七次的公共禱告——按照日課禮拜的「祈禱時刻」，聚集的時候會引用讚美的詩篇和求告，反思生活。一整天的安排，就是一個工作與禱告相交替的循環，這種節奏能夠防止壓力聚積。

第三，雅伯提議迦密山上的修士應該嚴格地保持靜默與交談的平衡。在晚禱之後直至天明，都必須保持緘默。他繼續倡議：「雖然在其他的時候，你們不必嚴格遵守緘默，但應該小心不要放縱自己過度交談，因為經上有記載，經驗亦教訓我們，口若懸河一定帶來錯失，不小心的人容易口舌招尤。」我們再次領略到這是一個正確態度的問題，而雅伯則提出他的座右銘：「尋求平衡，再悟己身」。他亦沒有忘記提供方法，處理和分享不時會出現的問題。最重要的崇拜日子，亦應該是最誠懇的反思和交心的時刻：「在主日，如有需要亦可以在任何日子，你們應當討論有關紀律的事情和於靈性有益的事；在這些交談之中，如果在兄弟之間察覺到言行失檢或過錯，便應以愛心糾正。」這個方法十分明智，在問題冒頭時不容耽擱、馬上處理，便可以避免以利亞所犯的錯誤。

第四，雅伯的《紀律》提議找出分享資源和供給需要的平衡：「每一位弟兄都不應該私人認領任何事物，你們的財產都由公眾保有；從這些上帝賜給你的財產，修院院長會按照你的年齡和需要，作出妥善的分配。」他描述這些規則時，他將修士們從擁有欲和不必要的繁瑣關係的煩惱中，解救出來，令他們可以在簡樸的精神中生活，並以充滿感恩的心，領受健康生活的一切所需。

雖然這些教訓，是聖加爾默羅修會創會時寫下的規則，但卻在我們為今天生活減壓的嘗試中，指出了一條可行之路。《紀律》一作並不鼓吹盲從，編寫的過程其實也考慮到個人處境——例如：在某些特定期間，修士應該禁食，「但如果因為身體有病或體質虛弱，或有其他值得體諒的原因，他們可以要求特免禁食的義務，因為他們的身體健康比任何規例都更加重要。」雅伯明白人的天性並寬容他們的軟弱，他的行事法則是：「必須確保我們不會超越共同認可的界限。」他理解到這是一項重要的掙扎：「你們必須小心地穿戴著上帝的盔甲，好叫你們能夠抵擋敵人的伏擊。」雅伯的《紀律》邀請我們反思我們的生命，並尋索靈性完整的意義。我們能夠找尋得到身體、思想和靈性上各種需要之間的平衡嗎？假如我們的工作之中沒有禱告、或與他人的接觸之中沒有保留獨處的空間，假如任何事情脫離了應有的比例，壓力便會產生。雅伯採納以利亞一生的事迹作為教訓，為早期聖加爾默羅修會會士訂定了生活的原則；如果我們實際地執行這種生活方式，這些情況是可以避免的。

雅伯的《紀律》令到聖加爾默羅修會在歐洲蓬勃地興起，但隨著時間的流逝，情況逐漸失去平衡，壓力亦逐漸產生。十六世紀時期，西班牙的阿維拉的大德蘭（Teresa of Avila）加入聖加爾默羅修會，她看到當時修會的生活偏離《紀律》，歪曲原著，令她感到震驚。當修會逐漸開始聚積財富時，物質生活便開始富足，最令她難以接受的是禱告與事工的失衡。其中的姊妹一直留在外面，參與各種「善事」或牧養的探訪，卻沒有獨處的時間。各項事情之間已失去應有的比例。大德蘭受到感召要改革聖加爾默羅修會，並邀請弟兄姊妹回復禱告與默想的基本紀律。她寫道：「姊妹們，我希望大家能夠致力爭取的事情，就是期盼及投入禱告，這並非為了我們的享受，而是為了要妥善地裝備自己、尋求力量、履行聖工的緣故。」[3]大德蘭明白到沒有禱告，任何事工都會欠缺意義和動力，只有通過禱告我們才會在上帝中得到力量，從而成為聖恩的渠道和工具。

十架約翰幫助大德蘭進行改革，將以利亞的山變成了禱告目標的象徵。十架約翰在他的著作《攀上迦密山》（*Ascent of Mount Carmel*）中教導，要達致與上帝合一便必須學習超然物外，放棄我們操控一切的手法，放開懷抱不再受煩惱纏繞，並剔除心裏的佔有欲。這一條通往山巔的道路，又窄又艱險，並不好走；但「在這赤裸之中，靈性將會找到安逸及休憩，因為既然全無貪念，並沒有甚麼令人忙於高攀，亦沒有甚麼令人感到受壓，因為這是謙虛之重點。」[4]他的教導指出，這種生活並不要求追隨者像修士一般遁世生活，而是要採取一種輕觸的態度。他告誡我們不要受到物質欲的慣性侵擾，陷落到物質生活不停催逼的無盡循環之中。他更教導我們，如果我們可以讓自己的態度更加親近上帝，而並非遠離祂，那麼「世間的事物可以帶來喜樂」。

如果大德蘭和十架約翰的目標是希望我們在特定時段，在寂靜之中潛心獨處，那麼在聖加爾默羅修會之內有另外一位導師，亦為我們提供了在日常工作之中建立靈性生活的工具，將上帝的平安和觀點，引入我們的點滴分秒。勞倫斯 (Brother Lawrence) 修士生長在法國，時值路易十四世統治，社會動盪。他曾經是一位士兵，退伍後加入巴黎的在俗聖加爾默羅修會，成為了修士。他身兼數職，為修會安排業務、參加勞動、並在膳食部「不無厭惡」地服務弟兄。[5]

他發現了一種生活方法，提供了能夠避免產生壓力的策略，並稱之為「上帝臨在的鍛煉」。這一種生活方式意味著每天都實行基督的教導：「你們要常在我裏面，我也常在你們裏面。」(約十五4) 這是個既玄妙亦實際的教導——我們要時刻地在自己心裏培養察覺上帝的意識，祂的臨在連綿不絕，我們亦應凡事都向上帝交代。

我們的目標，就是在自己的靈魂深處，保持對上帝臨在的警覺性，並在這個內心的平靜之中，對發生的事情作出回應。我們的行為，無論是開始、發展及結果，都應在上帝的聖範之中：「我們必須特別留意行動的表達，自始至終整個過程，都應事先經過內心省察。」[6]我們所作的每一件事情和每一項責任，都應該特意呈獻在上帝面前，並在祂的扶持下完成任務。這種說法正好與保羅提及的「與上帝同工」同出一轍。保羅指出：「我今日成了何等人，是蒙上帝的恩才成的，並且他所賜我的恩不是徒然的。我比眾使徒格外勞苦；這原不是我，乃是上帝的恩與我同在。」(林前十五10)

勞倫斯勸告我們，每一件事情都必須交託給上帝，才好嘗試解決：「無論發生甚麼事情，在我這一生之中，我的一切言行皆源自於對上帝的愛。」[7]他教導我們如何泰然地處理事情：「我們的所作所為，都必須經過審慎的考慮，不應毫無紀律地作出任何魯莽或草率的回應；我們必須安靜及沉著地以愛心向上帝禱告，懇求他祝福我們的工作。」[8]我們應該如何為自己安排進度？「我們必須在一切工作及生活的細節上……儘可能開闢出小休時段，深心地敬拜和思索上帝。」[9]勞倫斯邀請我們每小時都騰出一點時間，作出短暫的頌讚或禱告，如有需要時亦可作出懺悔——他告訴我們要在問題發生的時候，馬上面對和解決，而不要讓問題聚積起來。這是關於發展時常意識到上帝臨在的問題——這並不等於要我們時常裝出虔誠的樣子，而是希望我們以此成為我們生命中的一個自然環節。勞倫斯將之稱為「一種簡單的注視，並且慣性地在敬愛中顧盼上帝。」[10]

他承認這種生活方式需要堅持不懈地嚴於律己，不屈不撓——事實上，他認為這是一種「革命」，因為要達到這種生活模式，我們必須對自己的生活習慣進行大幅度的改革，重新訂定程序和觀點，並且這是會與這個社會的自給、自足、自立的一貫要求，大相逕庭。這要看我們是否願意時刻都徹底地依賴上帝，令「自己的心成為祂的聖所」。[11]這一種生活方式能夠令我們在壓力產生之前已經把它解除武裝，因為上帝在我們裏面乃是一泓清水，使我們受到外來壓力影響時可以汲取平靜。他在其中一封書信裏面，向一名在戰場上出生入死的士兵提出勸勉：「將你的心獻出一點點，並在思維之內記念上帝，你內心片刻的崇敬，足夠在匆忙地手拿刺刀之中成為禱告……而得到上帝悦納，那麼你不但不會在戰鬥之中失去勇氣，反而會在最危難的時刻令你感到鼓舞……這對於一位出生入死的士兵來說，是最貼切不過、最必須的方法了。」[12]

勞倫斯的教導建議我們在一個充滿壓力的世界中、

每一天的生活中，建立靈修生活。我們能夠察覺上帝的臨在，會成為我們處理問題的動力和資源。我們能夠時刻記念上帝，會令我們可以「在聖潔的自由中信實地工作，不受任何壓力困擾，使我們的靈魂一旦偏離上帝，便得以儘早安靜地歸回祂的平緩之中」。[13]我們的信仰可以因此戰勝恐懼和擔憂，勞倫斯覺得這樣會令「信仰變得更富生命力，使我們生命中的一切進程平添姿采」。[14]

在這一章內，我們參考了以利亞的事迹，並探索了與壓力亙古不變的掙扎。我們追溯了從以利亞的靈命譜系發展出來的聖加爾默羅修會傳統，認識了雅伯在屬靈生活方面的教導，並理解到大德蘭希望達致平衡和完備的掙扎。另一位後世的聖加爾默羅修會修士為我們提供了在日常生活中切實踐行這種品德的建議。在這一章的結束，讓我們參考十九世紀一位著名的聖加爾默羅修會成員里修的小德蘭（Thérèse of Lisieux），如何評論禱告的本質：「對我來說，禱告是心靈的渴望，是面向天國單純的瞥視，是在喜樂和患難之中充滿感恩和仁愛的呼喚，禱告是偉大的、超然物外的，禱告令我的靈魂不斷擴展，並使我與耶穌達致合一。」[15]

反思和討論問題

1. 在目前這一刻，你有否覺得受到甚麼壓力的威脅？試清楚説明甚麼事情令你感到壓力。你從以利亞的經驗之中汲取到可以應用於你身處環境的教導嗎？
2. 再讀一遍雅伯列舉的四項委身條件。這些條件有否對你現在的生活方式造成任何衝擊？你需要作出任何改變嗎？
3. 你認為應該如何實踐勞倫斯修士的生活指引？

禱告練習（可選以下形式）

範本一：

以禱告的心反省你的生活，並列出一個一週「時間預算案」。在表格的左方寫出下列的活動：自己獨處向上帝禱告、公共崇拜、上班、舟車往來、進餐、睡眠、做運動、與親友共度有素質的時間、行政項目、家務、其他責任、購物、電視／上網、其他消閒或發展創意的時間、研經或靈修、其他閱讀或進修。在表格的右方（每一種活動旁）寫出你在每項活動上所花的時間。請反思這個表格的讀數：你有否平均地、按比例地分配你的時間？是否應該縮短某些活動的時間？是否在活動項目的種類有所增減？在表格的背後寫出三項決議和三項相對的行動。在禱告之中，引用惠地亞(John Whittier)所寫的聖詩，把這些決議交託給上帝：

求主恩賜靜默甘露，
息我心中萬般抗爭；
將我困苦消除殆盡，
使我更新生命秩序，
以證天賜平安美善。

恩主吹氣淬滅欲火，
聖善慰藉安撫淡化；
忘我形骸捨我心智；
天崩地裂仍聞聖言，
聽主溫婉曼妙訓諭。

範本二：

請閱讀馬可福音一章14至38節，敍述了耶穌生命中的一整天。祂經歷了甚麼壓力，和怎樣面對了其他人對祂的期望？請留意馬可福音之中，有多少次提及到「立刻」這詞句，用以表達耶穌要面對不斷受到鞭策的壓力。祂怎樣保護自己，抵禦壓力？請閱讀約翰福音五章19至20節，並與馬可福音經文選段作出比較。耶穌的祕訣是甚麼？結束時請緩慢地誦讀主禱文，並細意思想領會禱文，如何巧妙地平衡生命中各種因素。

註釋：

1 節錄自 Bede Edwards ODC (Tr.), *The Rule of St Albert* in Obbard, E. R., *Land of Carmel* (Leominster: Gracewing, 1999)。

2. Ward, B. (Tr.), *The Sayings of the Desert Fathers* (Kalamazoo: Cistercian Publications, 1984), p. 139.

3. Peers, E. A. (Tr.), *St Teresa of Avila: Interior Castle* (London: Sheed & Ward, 1974), p. 148.

4. Kavanaugh, K. and Rodriguez, O. (Trs.), *The Collected Works of St John of the Cross* (Washington DC: Institute of Carmelite Studies, 1991), p. 111.

5. Blaiklock, E. M. (Tr.), *Brother Lawrence: The Practice of the Presence of God* (London: Hodder & Stoughton, 1981), p. 23.

6. Blaiklock, *Brother Lawrence: The Practice of the Presence of God,* p. 75.

7. Blaiklock, *Brother Lawrence: The Practice of the Presence of God,* p. 86.

8. Blaiklock, *Brother Lawrence: The Practice of the Presence of God,* p. 68, 69.

9. Blaiklock, *Brother Lawrence: The Practice of the Presence of God,* p. 69.

10. Blaiklock, *Brother Lawrence: The Practice of the Presence of God,* p. 44.

11. Blaiklock, *Brother Lawrence: The Practice of the Presence of God,* p. 41.

12. Blaiklock, *Brother Lawrence: The Practice of the Presence of God,* p. 48, 49.

13. Blaiklock, *Brother Lawrence: The Practice of the Presence of God,* p. 40.

14. Blaiklock, *Brother Lawrence: The Practice of the Presence of God,* p. 76.

15. Carey, T. (Ed.), *Therese of Lisieux: A Discovery of Love: Selected Spiritual Writings* (New York: New City Press, 1992), p. 93~94.

延伸閱讀：

Hartley, M., *The Good Stress Guide* (London: Sheldon, 1995).

McGreal, W., *At the Fountain of Elijah: The Carmelite Tradition* (London: Darton, Longman & Todd, 1999).

Welch, J. W., *The Carmelite Way: An Ancient Path for Today's Pilgrim* (Leominster: Gracewing).

第 4 章
與怒氣的掙扎
耶利米 JEREMIAH

上主啊，你愚弄了我，我上了你的當；
你比我強大，你勝過我。
人人都戲弄我；
他們整天把我當作笑柄。

耶二十7～9（《現代中文譯本修訂版》）

耶利米這些哀痛的辭句，是聖經裏最早記載人類對上帝的怨憤。字裏行間表達了內心的痛苦和對上帝的憤怒，可以翻譯成為「耶和華，你誘騙了我，而我卻容許自己受你欺騙；你已經制伏了我」。在這之前，沒有其他作者膽敢這樣坦白地表達自己的感情。耶利米幫助我們面對靈性生活中重要的一環，就是與怒氣掙扎。這是一個平常不敢提問的心結，我們應該如何處理對上帝的憤怒？我們可以將憤怒變為禱告嗎？我們感到被出賣時、或覺得對上帝失望時，應該怎樣表達自己的感情？我們能夠將怒氣轉化，使之成為正面、甚至具創意的活力嗎？

為甚麼耶利米在公元前七世紀的作品，會是聖經之中首次看見人類對上帝清楚地表達疑惑和挫敗感？為甚麼到這一刻才有人表達感情？是甚麼令到我們有所保留？我們是否一直以來都覺得以這種態度與上帝對話，欠缺尊重、有失體統？直至今天，我們都覺得與上帝對話的時候，必須採取恭敬、受控和尊重的態度。如果是這樣的話，我們在上帝面前，並未能夠真正表達自己。耶利米所寫，被人稱作「懺悔篇」的章節（記錄在耶十一18～23，十二1～6，十五10～21，十七14～18，十八18～23，二十7～12、14～18），邀請我們與上帝建立一個嶄新的關係，並在其中將自己最深層的疑竇和失望，和盤托出。

耶利米是一位老大不情願的先知。他並沒有選擇這份天職——事實上，他回應呼召的時候遲疑不決（耶一1～6）。那個年代對以色列民族來說，是一個動盪的時期，政治和宗教兩方面都危機四伏。猶大和以色列兩個國家面臨受到入侵和滅亡的威脅，所謂民族領地亦只不過是埃及和巴比倫之間的一個緩衝小國。耶利米的責任就是要令他的國民明瞭當時的險境，並熱切地勸告他們要依賴上帝。他為了傳遞這個信息，歷盡艱辛，吃盡苦頭。他受到自己人民的唾棄，還有人誣告他煽動暴亂，還受到追捕和收監。他遭受到自己所愛的人民排斥、嘲諷，感到孤立無援，上帝甚至不許他娶妻（耶十六1～4）。但耶利米出現成為一位傑出的人物，充滿勇氣、不屈不撓，他願意聽取別人的批評，但亦會勇敢地傳遞令人不快的信息。在四十年之間，他經歷過五位君王的統治，並默默地承受困苦的環境。當耶穌問門徒認為祂是誰的時候，他們為甚麼回答「有人說是耶利米」（太十六14）？門徒是否在耶穌身上看見了耶利米勇敢和愛民的特質？

從表面看來，耶利米絕對有理由向上帝投訴。首先，他由於自我形像受損，所以產生了不少猶豫與疑問。他為了要向自己愛惜的人民傳遞一個審判的訊息，內心感到非常不安。他要對人民解釋當時的政治形勢，乃是因為上帝要懲罰叛逆的選民，這樣的差事自然令他感到非常為難。他遭受了人羣的漫罵、漠視和中傷，他亦常常感到心灰意懶，也有考慮放棄；由於四面受敵，他被自己的個人失敗絆倒了，對自己信心盡失。他將自己形容為「柔順的羊羔被牽到宰殺之地」（耶十一19）。耶利米向被稱為「心碎的先知」和「最體諒人心的先知」。

第二，耶利米的投訴涉及了上帝的本質，在他心目中上帝的形像變得扭曲了。他覺得受到上帝的愚弄、受騙和被出賣。自從蒙召成為上帝的代言人，他遇上的種種悲劇都令他感覺到孤獨和被上帝遺棄。他曾經一度稱為「活水的泉源」（耶二13）的上帝，如今變成了「待我有詭詐，像流乾的河道」（耶十五18），就像曾經注滿雨水的峽谷，本來象徵著滋潤的應許，在眼前煙消雲散一樣。看來，他的確有權利對這位充滿神祕又令人難以理解的上帝，作出投訴。

我們可以體會耶利米的感受，因為我們也曾親嘗理想破滅的滋味。上帝似乎漠不關心，他所作的禱告沒有得到半點回應，更不知道從何可以找到慰藉。上帝就好像將自己鎖在一個遙遠的天國裏。我們就像耶利米一樣，有時候感覺到自己被困在一個無法逃脫的窘境中。也許，我們也感到世上所有不如意的事情都發生在自己身上。耶利米的遭遇令我們在掙扎之中尋得靈命，在失意的時候開拓出禱告之道。

首先，耶利米的經歷就像派發許可證給我們，讓我們可以向上帝發怒！他認為我們可以投訴上帝。他的這一個意念，可說得上是前所未有的，打破了忍氣吞聲的傳統。他的「懺悔篇」並沒有被訂立聖經正典的編輯丟掉。這些經文都保留下來，讓我們能夠看見他的種種掙扎，可以得見禱告能夠容納我們表達疑竇。

第二，耶利米提醒我們，必須對上帝完全坦誠。我們與上帝的關係亦必須毫不含糊。我們在禱告中不能戴上假面具、不能裝腔作勢、不能假裝和顏悅色。耶穌呼召我們要以「心靈和誠實」敬拜上帝（約四24）。如果我們感到被傷害，便應該勇於面對，不應欺騙自己或隱瞞上帝。

第三，耶利米提醒我們，應適當地表達憤怒，將內心所受的創傷宣洩出來。如果我們長期地壓抑憤懟，怒氣便會變為不滿和憤恨，並會負面地影響我們的人際關係。保羅勸告我們說：「生氣卻不要犯罪；不可含怒到日落。」(弗四26) 耶利米的竅門就是把怒氣和挫折變為禱告。這麼一來，他既不會強行壓抑情緒傷害內心，反而可以通過禱告抒發出受創的傷痛。禱告成為從內心束縛中得釋放的途徑。在憤怒和煎熬表達出來時，亦能領受上帝的恩典。假如我們能夠騰空內心、排除負面思想，我們便能夠接受上帝的醫治，上帝的靈亦可在我們的心裏作工。耶利米向上主呼求「耶和華啊，求你醫治我，我便痊癒。」(耶十七14)

第四，耶利米告訴我們，上帝最重視的是我們敞開的心扉。在這個人人自保的世代，我們不斷受到誘惑，希望躲藏在信眾之間，至於與上帝的關係，則停留在羣體信仰的層面，而並非個人參與的狀況。耶利米的見證正好表明了與上帝建立一個私人的關係，是多麼重要的。他以自己慘痛的例子教導我們，我們多麼需要將自己所受的創傷交託給上帝，並讓祂處理我們內心的痛苦。他說：「人心比萬物都詭詐，壞到極處，誰能識透呢？」但他立即表達出上帝的回應「我——耶和華是鑒察人心，試驗人肺腑的」(耶十七9、10)。耶利米明白到只有上帝能夠充分理解我們內心的傷痛，亦只有祂才能夠將痛

苦轉化過來：「我要將我的律法放在他們裏面，寫在他們心上。」(耶三十一33)

第五，耶利米參悟到衝破這個混亂局面的方法。本章的開端引用的耶利米書二十章，亦有繼續表達出充滿希望。耶利米向上帝訴苦後，他便可以釋然地說：「然而，耶和華與我同在……你們要向耶和華唱歌；讚美耶和華！因他救了窮人的性命脱離惡人的手。」(耶二十11、13；與羅八31～36比較。) 耶利米理解到受苦的時期不可能無盡期地延續下去，而且必然會有完結的一天。他感受到生命有更廣闊的層面，更深邃的概念，可以將他從沉溺在誘惑和自憐中拯救出來。他可以仰望上帝，為自己及人民，尋找到醫治及復原的可能性(耶三十至三十三章)。這個信念令他能夠堅持下去，在最艱難的時刻仍未忘信仰的支持；信心始終戰勝了絕望。

最後，耶利米向我們展現了上帝的心懷：即使祂看來遙不可及，其實祂正在我們身旁，只是我們可能難以察覺。耶利米多次表達出上帝對自己選民的擔憂：

> 你要將這話對他們說：
> 願我眼淚汪汪，晝夜不息，
> 因為我民的處女受了裂口破壞的大傷。(耶十四17)

難道上帝自己也**感到**心碎嗎？耶利米的敍述展示了一位

會因為眼見受苦和叛逆而感到憂傷和痛苦的上帝，祂明白心碎的人。上帝並沒有向耶利米保證他的一生會風調雨順，祂所保證的是會與他一生**同在**（耶一19）。上帝的臨在，也許不會時常地那麼明顯，但祂卻**親自感受**到耶利米的每一顆淚珠；是以耶利米覺得欲罷不能：

> 我若說：我不再提耶和華，
> 也不再奉他的名講論，
> 我便心裏覺得似乎有燒著的火閉塞在我骨中，
> 我就含忍不住，不能自禁。（耶二十9）

無論他感覺到多麼絕望，他都不能離棄上帝，或卸脫自己的責任。他始終都會挺過來了！

心曲

耶利米在上帝面前誠懇的剖白，為人與神的關係推送至一個新的局面，帶來了新的自由和透明度。從今以後，最深層的感情都可以展露出來，最不可思議、不能言喻的事情，都可以說個明白了。詩篇是最能夠表達內心情感的篇章，更是以色列的聖歌集。在詩篇中，我們可以一方面領略到感恩和讚美，但同時在另一方面看到了內心的憂傷，和靈性混亂的衝擊。信仰的表達和惶惑的吶喊，在這詩集唱調中唇齒相依，並由猶太人和基督徒羣體世代相傳及沿用，正好說明了能夠適度地表達徬徨和憤怒的情緒，對個人靈命的健康成長，是十分重要的。事實上，超過三分之一的詩篇篇章都包含向上帝投訴的內容。

羣體的哀歌(例如詩十，七十四，七十九，一〇六篇)向上帝表達了民眾整體的絕望情緒，但其中也有私人性質的投訴，令我們感受到個人信仰的掙扎。這些篇章提及上帝忘記了祂的子民，沒有任何行動，令人感到遭祂遺棄。這些投訴挑戰了上帝穩如磐石的概念，更有一些詩篇描述了長期的苦難：

> 耶和華啊，你忘記我要到幾時呢？要到永遠嗎？
> 你掩面不顧我要到幾時呢？(詩十三1)

但在這些撕心裂肺的詩篇中，大多都能找到一個相同的特點，就是從絕望之中，往往有一股奔向希望的動力，從向上帝大發牢騷之中，更新了對祂的忠誠。詩篇二十二篇的初段，成為了基督在十架上的呼號(可十五34)：

> 我的上帝，我的上帝！為甚麼離棄我？

相同之處還繼續下去。詩篇作者亦懷愐上帝過去的恩寵：

但你是叫我出母腹的；
我在母懷裏，你就使我有倚靠的心。

詩篇章節見證了上帝的扶持：

因為他沒有藐視憎惡受苦的人，
也沒有向他掩面；
那受苦之人呼籲的時候，他就垂聽。

詩篇四十二篇同樣以求告及投訴作為開端：

上帝啊，我的心切慕你，如鹿切慕溪水。
我的心渴想上帝，就是永生上帝；
我幾時得朝見上帝呢？
我晝夜以眼淚當飲食；
人不住地對我說：你的上帝在哪裏呢？

但詩篇繼續寫道：

我從前與眾人同往，用歡呼稱讚的聲音
領他們到上帝的殿裏，大家守節。

我們也能察覺到猶豫不決、搖擺不定的情緒：

我的心哪，你為何憂悶？
為何在我裏面煩躁？
應當仰望上帝，因他笑臉幫助我；
我還要稱讚他。

在這些詩篇之中，戰勝潦倒和絕望情緒的主因，就是記念以往。我們能夠記得上帝向來憐惜我們，記得祂守約而施予的大愛，和祂對我們永恆的應許。自憐的精神狀況，只停滯在目前的失意之中，真正的投訴比較開明，我們若願意擴闊視野，回味以往的祝福，便可以重拾對上帝永遠信實的信念。我們可以從詩篇六，十三，三十五及一〇二篇找到其他由怨憤化為希望的例子。

亦有其他詩篇提及人類最痛苦的問題：為甚麼無辜的人往往會受苦？生命有甚麼意義？有部分詩篇被稱為「智慧詩」，因為內文探索受苦的因由，而不會因為問題複雜而避而不談（例如：詩一，三十七，四十九篇）。這些詩篇記載了誠懇的反省，令我們可以重溫深入探討信仰的前途。詩篇七十三篇始段充滿了對惡人得到名成利就的苦澀和嫉妒，善良的人卻往往遭災（詩七十三3～12），作者在思量如果前路舉步為艱，具備信仰與否又有何分別（詩七十三2、13～14）？惡人自有惡報這項天條似乎毫不奏效，只需看他們趾高氣揚、不可一世的樣子！作者膽敢質疑正直的生命是否真的有價值。為何信奉上帝都不見得有任何成效？在這些問題的背後隱藏著飽受長期失望而焙烘的怒火。作者知道這些令人痛苦的問題有違信仰，並與族人的價值觀大相徑庭（詩七十三15）。正當他陷入覺得自己的善行毫無反饋，而上帝只是蒙騙了他的邊緣，他投身參與崇拜：

> 我思索怎能明白這事，眼看實係為難，
> 等我進了上帝的聖所……（詩七十三16～17）

在崇拜的時候發生了甚麼事情，慶祝的主題是甚麼，我們今天不得而知。但作者的內心產生了一些變化，令他突破了自己的思想，換上了一副簇新的概念，更記起已經幾乎忘懷了的真理。首先，他明白到惡人所享受到的，只不過是曇花一現的成功，並不會長久持續。更重要的是，作者茅塞頓開，對信仰的生命達致新的理解。上帝並不會答應我們物質上的成功，祂的應許所涉及的，是更加珍貴和美好的事物：

> 然而我常與你同在，你攙著我的右手。
> 你要以你的訓言引導我，以後必接我到榮耀裏。
> 除你以外、在天上我有誰呢？
> 除你以外、在地上我也沒有所愛慕的。
> 我的肉體、和我的心腸衰殘；

但上帝是我心裏的力量，又是我的福分，直到永遠。(詩七十三23～26)

詩篇作者在字裏行間喚醒了自己內心最重要的事情，就是無論在甚麼情況底下，都能夠體會領略到神人關係的意義和目標。大衛遜(Robert Davidson)曾作出以下觀察：

有趣的地方，不但是詩篇作者的結論，而是他怎樣得到這個結論的歷程。如果他從來沒有頭腦清醒地研究孕育他的傳統教誨；如果他從來沒有對信仰的價值產生過任何疑問；那麼他一定不可能突破自己已存的學問，進入更深層的信仰。就正是他的疑惑、他那些沒有答案的問題、和他坦白又痛苦地尋求處理的方法，令到他在靈性上有所長進。人的疑惑，不單止不會破壞信仰，反而是出現讓人更信服的信仰。[1]

憤怒的時候鍛煉屬靈修養

我們明白到在禱告之中可以容納坦誠的投訴，不是自怨自艾，而是在一種徬徨與盼望的混合情緒之間，學習仰望上帝。我們發覺到在表達憤怒的時候，似乎好像在心裏開闢了一個空間，而正好可以用我們對上帝慈悲的懷念填滿這個空間，令我們可以從一個新的角度考慮事情。

這一類的屬靈形態最出色的辯證學者，莫過於聖公會的詩人賀爾伯(George Herbert)牧師。當他提及自己的詩作時指出，他的作品「是一幅畫，描繪了上帝和我的靈魂紛紜的糾纏。」他的作品見證了人類為了接受上帝無條件的愛，而作出無止境的掙扎。賀爾伯在一五九三年出生於貴族家庭，在劍橋大學畢業後成為修辭學講師，任職備受大學尊崇的讚辭宣讀員一職長達七年。他似乎篤定要加官晉爵，一心希望在朝廷謀取高職，但是上帝卻為他安排了截然不同的發展。他一方面貪圖俗世的飛黃騰達，但卻擺脱不了聖職的呼召，最後在一六二六年下定決心加入聖秩，被按立為會吏。事情並沒有因此而變得一帆風順，疾病的纏繞與猶豫不決的心，再三地延緩賀爾伯正式封職，至到一六三〇年他才正式成為牧師。賀爾伯最尖鋭和充滿疑問的作品，就是在這四年「曠野期」寫成的。他按分配在疏士伯里(Salisbury)附近伯梅頓鎮(Bemerton)一個寂寂無名的牧區工作，牧師的住所更是長期失修，環境惡劣。

他施行聖職只有短短的三年，在一六三三年去世。他以超乎尋常的敬虔和委身，全情投入了作為牧區牧師的生活，並在他的作品《鄉鎮牧者》(*The Country Parson*)之中表達了他對牧養事工的理想。他甚至在節衣縮食的生活中，仍然收養了三位喪親的姪女。他在這個時期面對的掙扎，非比尋常。他不再抗拒聖職的呼召，但因為病魔纏身，令他質疑自己的用處。雖然他十分珍惜基督在聖經和聖事中的臨在(譯註：聖公會認為洗禮和聖餐是聖事)，但他一直與靈性上的混亂掙扎，由於禱告沒有得到回應，他覺得自己與耶利米和詩篇作者分享類同感覺。他在《受苦之一》(*Affliction I*)一作中敘述了他的屬靈歷程：

當你第一次呼喚我時，
我認為事奉是勇氣的體現。[2]

他也曾一度在事奉生命中，獲得喜樂：

我還希冀甚麼歡樂呢？我事奉的是誰的君王？
陪伴我的是何等的喜樂？

但當他面臨疾病和屬靈軟弱的困擾時，喜樂就轉化成了痛苦，日子久了，折磨煞了，他對上帝的一肚子憤慨亦奪腔而出：

好啦！我就改變事奉路途，另尋主子就是了。

在詩作《項圈》(*The Collar*，譯註：聖公會神職人員都配戴項圈以示聖秩身分）中，他亦重複了對上帝的失望：

> 我大聲疾呼，我不再願意受折騰了；
> 我要遠走高飛。
> 難道我就要一生長嗟短歎嗎？

在他投訴了收成全是荊棘，他的屬靈生命一無是處後，他心念稍緩，上帝的聲音又浮現出來了：

> 但當我言語瘋癲，激動任性之時，
> 我隱約聽見有人呼喚：孩兒啊；
> 我便回應：我的主啊。

儘管他的屬靈生命挫折重重，但其中支持著他的，是不會改變、最基本的事實：他仍是上帝的兒女，上帝對他的愛不曾泯滅。在《他熱切的盼望》(*Longing*) 中，他重新認識了從屬上帝才是他確切的位分。在他徹底剖析靈魂深處的創傷，他承認了自己覺得上帝並沒有臨在，祂看起來似乎高不可攀、遙不可及，更說不上有甚麼回應了：

> 我的目光充滿病態和飢餓的煎熬，
> 我的四肢亦由不得我控制了，

我的呼號、呻吟、嘆息和淚水都在向祢傾訴，
我的苦況難道沒有終止的一天嗎？
……在我面對死亡，
苟餘殘喘之時，
祢卻毫不著急，
當我在痛苦中難以自拔之時，
祢卻身居高位、全然不顧；
但我受造之時本來就是祢的兒女啊。

不管他的疑惑彷彿地動山搖，他屬靈生命的根基就是憑著在這份不變信念而得以保存。當生活的折磨令日子難過之時，道成肉身的奧祕卻再三衝破陰霾，令賀爾伯受到感動：上帝在我們臨危之時，通過耶穌的生及死分擔我們的痛苦。在作品《救贖》(*Redemption*) 中，他想像自己是一個佃農，希望找到領主，向他申訴：

我在天堂祂的大宅中四處找尋祂，
人們告訴我的地方，祂卻沓無蹤影。

賀爾伯在受社會推崇的重要地方尋找上帝，那是他所熟悉的範疇：「在城中、劇院裏、花園間、公園中和皇宮裏」。但在那些地方，他卻尋找不到上帝。

最後我聽見小偷和兇手之間傳來一道沙啞帶笑
的聲音：
我看見了祂，祂直接地說：**你的投訴經已得直**，
便逕自死了。

上帝就在這些充塞著社會的邊緣人物、罪犯及受苦受難的人聚集、最不經意的地方，等待我們去尋找祂。基督亦告訴我們，祂將會在飢渴無助、陌生可疑、衣不蔽體、疾病纏身、甚至身陷囹圄的人羣中，等待著與我們相遇（太二十五35～40）。他說，這些就是「我的兄弟」了。在這一首詩之中，賀爾伯尋得上帝的地方並不是安全和美麗的環境，而是在一個粗糙的十架之上。上帝並沒有遠離苦難的深淵，卻是身處其中。在《受苦之三》（*Affliction III*）一作中，他寫道：

我的心起伏不定，我的上帝前趨而來！
我知道祢在痛苦中為我作伴，
祢的引領及安撫令我如釋重負。

在他另外一篇強而有力的作品《十架》（*The Cross*）裏，賀爾伯了解到他生命中的矛盾，就正是一個十字架的形狀。他朝著自己的極限，繼續探求：

就在一再延擱之後，
多少的掙扎和搏鬥，帶來這個渴求期盼的結局，
為的是要除去我服事祢的力量，
要抵銷我的本事，令我無計可施，
要折毀我的一切驕矜，令我一蹶不振。

祂的憤怒、無法實行的計劃和在四周拉扯著祂的種種經驗，到融會在十架之中。事實上，上帝在十字架上已親自經歷和感受過這些情緒了：

啊，我的父啊，求祢解除我的痛楚吧！
這些矛盾在不斷壓迫我：
互相抵觸的行為好像繩索一樣，交錯地勒在我
的胸前：
但由於這些矛盾可能就是祢的愛子所負
的十架，
我只能心甘情願地說出：**爾旨得成**。

這些內心的鬥爭，能夠幫助我們在憤怒和醒覺中探索靈性上的掙扎。正如一些詩篇章節一樣，賀爾伯能夠在他的詩作中描述從投訴轉化成接受，及從叛逆轉化為聽命的思路。在他的掙扎當中，他發現了從書本上或講章中學不到的神人關係的重點，只有身歷其境才能領悟箇中道理。

身為一個人：我們接納呼召，是以行事為人、是憑著信心、不是憑著眼見(林後五7)。我們受呼召，要開創一種代價不輕的信徒生命，而不是在自我陶醉之中尋找快慰。耶穌呼召我們每天要背負十架並跟從祂(可八34)。不管我們能否感覺到祂的臨在，上帝都不會終止對我們的愛，亦不會斷絕親情、離棄我們。我們作為基督徒，在朝聖的生命中應倚靠事實，而不受感情蒙蔽。當我們受到誘惑，企圖放棄的時候，我們應該回轉過去，重溫信仰的基本事實：我們是上帝的兒女，世上所有的不如意和苦難，都剝奪不了我們這個身分。

至於上帝：賀爾伯提醒我們，上帝是難以了解、不能預測的；這也就是說，祂會令我們覺得討厭和無所適從，因為祂的意旨，遠超乎我們思維和邏輯的理解。上帝會不斷地令我們感到驚訝。以上帝的方式，一切的事情看起來都可能顛倒乾坤，毫無理據。大能大力的上帝處於受苦的人當中，正如祂一度經歷十架的苦楚，而從此與我們以兄弟相稱。讓我們將困惑和訝異，通過禱告交託給上帝，而讓祂改變我們的觀感吧。

反思和討論問題

1. 你現正面對憤怒和疑惑嗎？

2. 你覺得「憤怒的禱告」應該如何表達？試舉出象徵性及聖事性的方法。
3. 你是否曾經在困擾和失望之中，經歷到接受平安和尋得倚靠的感覺？

禱告練習（可選以下形式）

範本一：

在這段祈禱的時間，請運用你的雙手表達情感。首先請將雙手緊握成為拳頭，並放在胸前。感受緊握的拳頭就是你今天感覺到的憤怒和疑惑。將這雙拳頭交託給上帝。第二，請將手掌向下並慢慢放開拳頭。將所有的緊張情緒放開，並放在上帝跟前。這個動作會將你所有的負面感情和壓力，在指尖上流散開去。最後，請將手掌轉向朝天，並理解在釋放自己的同時，我們亦正在接受上帝的恩賜。在吸氣中，請嘗試感受自己正在汲取上帝豐盛的賜予——這也許是祂向你保證與你共度時艱，亦可能是令你感覺到天賜的平安。為了你能夠在上帝面前倒空自己從而可以接收祂的恩典，獻上感謝。

範本二：

找尋一個象徵性的方法以表達你的憤怒，例如：將石塊扔進大海，或者在家裏，將對上帝的一肚子怨氣，簡略地寫下來。將紙搓成一團，並把它扔進放在一個十字架前的廢紙簍。讓這一個出氣的行為象徵自己將憤慨交託給上帝的方法。花一點時間，凝望著廢紙簍之上的十架，感受基督如何環抱世間的疾苦和你的掙扎，並獻上感恩。

註釋：

1. Davidson, R., *The Courage to Doubt: Exploring an Old Testament Theme* (London: SCM Press, 1983), p.36.
2. 最具權威的選集是Hutchinson, F. E. (Ed.), *The Works of George Herbert* (Oxford: Clarendon Press, 1970)。

延伸閱讀：

Sheldrake, P., *Love Took My Hand: The Spirituality of George Herbert* (London: Darton, Longman & Todd, 2000).

第 5 章
與受苦的掙扎
約 伯 J O B

在我們與上帝的關係之中，沒有甚麼其他的掙扎，會比受苦時的掙扎更令人傷痛的了。我們遭受的痛苦直接打擊我們的信仰，我們的靈命亦遲早需要在痛苦和喪失親人的經驗中找尋意義。

約伯記就像一齣戲劇，直接面對無故的受苦這問題。約伯是否一個歷史人物，我們不得而知，他的經歷令他成為一個代表性的人物，為千千萬萬無故受苦的人提出質問：「為甚麼？為甚麼上帝會容許無辜的人受苦？」我們今天或許會接觸到某些說法，把約伯描繪為「耐心的約伯」，這個觀點令人誤會了約伯的特質。他並不是一個願意被動地、耐心地、順從地受苦的人。他其實是一位有血有肉的人物，與上帝激烈地爭論，並拚命地掙扎，以求理解受苦的意義。在他身上發生了甚麼事情呢？他有沒有找尋到答案？他能夠為我們指出一個明確的方向，令我們也可以在禱告之中尋得出路嗎？

開始的時候，約伯是一位豐泰的人。他膝下有七個女兒和三個兒子，他擁有龐大的田地和產業，事實上，他被描述為「在東方人中就為至大」(伯一3)。但是這戶富貴人家太過自滿了，至少他的兒女終日吃喝玩樂，各在家裏設宴。約伯是一個敬虔畏神的人，他與上帝的關係亦在他每日為兒女向上帝獻祭中奠定，這似乎是為兒女們買下保險，令他們冒犯上帝的地方，能夠得到寬恕，不會受到上帝的責罰。但問題來了(伯一9～11)，約伯尊敬上帝，是否因為自己風調雨順、五穀豐收？如果他失去所有的安逸和產業，他是否會仍然敬畏上帝呢？

在短短幾天之間，約伯失去了一切。首先他發現財產突然遭劫、僕人被殺，兒女們在作樂時，狂風從曠野颳來、摧毀的房屋倒塌、他們就都死了。約伯接著便病了，他從腳掌到頭頂都長滿毒瘡，只有妻子跟他慘淡度日。最初，約伯看來可以承受打擊，但妻子卻忍不住質問約伯：

> 他的妻子對他說：「你仍然持守你的純正嗎？你棄掉上帝，死了吧！」約伯卻對他說：「你說話像愚頑的婦人一樣。嗳！難道我們從上帝手裏得福，不也受禍嗎？」(伯二9、10)

但約伯的妻子說得一點也沒有錯，他不可能長此如以往堅守著這一份毫無理據的信仰。他所受的痛苦和蹂躪，令人難以抵受。難道這就是上帝為兒女們安排的遭遇嗎？

約伯將所有的徬徨和傷害埋在心底裏；他極力嘗試控制自己的情緒。他在禱告之中仍然禮貌周到，但終有一天，他的滿腔委屈缺堤而出：

此後，約伯開口咒詛自己的生日，說：
「願我生的那日和說懷了男胎的那夜都滅沒。」
（伯三1～3）

接著，約伯便開口提問人類歷來最重要的問題：「為甚麼？」

我為何不出母胎而死？為何不出母腹絕氣？（伯三11）

約伯不斷質問自己為甚麼會成為連綿不絕的苦難的受害者。這些遭遇之中到底蘊含著甚麼目的？約伯這一句「為甚麼」是不受時間限制的問題，也正是今天千千萬萬的人心裏的問題。為甚麼戰爭會殘害那麼多兒童的性命？為甚麼「天災」會奪取那麼多無辜的性命？為甚麼我要跟病魔糾纏？受苦到底有甚麼意義？

尋找受苦的意義

約伯的三個朋友來探望他，本來是要作他的「安慰者」。他們的對話分為三個循環，每一次由朋友們講話，約伯則作出回覆。他們可以提供怎樣的答案呢？以利法和他的朋友們都只懂得提供一成不變、迂腐不已的勸告。他們的意見就是按照傳統理論推想出來的解釋。他們的論調在約伯記三及四章和其他篇幅中，可以略見一斑。他們提出來的幾乎像一個方程式：「正義的人必然飛黃騰達；詭詐的人必然慘淡收場；如此類推，受苦的人必然是個罪人」。這些「朋友」斷定了約伯必然犯了罪，而他所受的苦楚就是上帝對他的懲罰。這那算得上是甚麼安慰呢！

但這種論調的邏輯，到今天仍然可以在坊間俚語中找到：「這些事情，是上天差來折磨我們的！」「我到底犯了甚麼錯，要承受這樣的困苦？」前一句將上帝說成喜歡「差派」折騰給我們，祂不但讓這些事情發生，而且是祂一手造成的。第二句不但將上帝描繪成警惡懲奸，祂更會從天差派懲罰，令惡人遭殃。這些觀點看起來好像頗為生硬，但從約伯的時代至今天，仍然有人深信不疑。

這些論點打動不了約伯，他的內心明知這些論點有所偏差。這些論調將上帝描述為可怕的主人，但約伯的經驗令他不敢苟同，對他來說，受苦並不是「論過施罰」。約伯的朋友們並未能夠提供恰當的答案，亦解釋不了無辜的人為甚麼會受苦。約伯提出了兩點申辯。首先，他對友人的智慧提出質疑。他問道：

> 惡人為何存活，享大壽數，勢力強盛呢？（伯二十一7）

約伯指出了惡人未必在此生受到報應，因為我們四周都能夠找到相反的例子。這個世界充滿著腐敗和自私自利的人，他們看來安然無恙，分毫不損。第二，約伯相信自己並沒有犯下彌天大罪，以致上帝要這樣沉重地懲罰他。就在友人不斷暗示他如何該罰之下，他打算繼續持守信念，為自己的清白繼續申辯：

> 我斷不以你們為是；我至死必不以自己為不正！我持定我的義，必不放鬆；在世的日子，我心必不責備我。（伯二十七5、6）

是約伯被自傲和自以為是蒙蔽了他的判斷，令他看不見自己所犯的錯誤？恰好相反：他真心地相信自己一向正直不阿，悲天憫人：

> 我為瞎子的眼，瘸子的腳。我為窮乏人的父。（伯二十九15～16上）

在他的掙扎當中，他的情緒波動，一忽兒在自殺傾向的絕望中，一忽兒在上帝的永恆盼望中。在他最黑暗的時段，他感到上帝是他的敵人，所以他要控訴上帝對他有欠公允。約伯經常在赤誠中與上帝相交(參看伯二十七至三十章)。他承受著痛苦的折磨和朋友的揶揄，繼續倚靠上帝，他的信心令他喊出了：「我知道我的救贖主活著，末了必站立在地上。」(伯十九25)最重要的是，當他的朋友們正墨守成規、死抱不放之時，約伯經已準備好繼續前行。他明白到在這些苦楚當中，他會領略到箇中的教訓，從這苦難的歷練可帶來拯救的可能：「他試煉我之後，我必如精金。」(伯二十三10)但約伯渴望更深的了解，與這隱藏起來的上帝相遇：

> 惟願我能知道在那裏可以尋見上帝，……我就在他面前將我的案件陳明，滿口辯白。(伯二十三3、4)

在受苦之中與上帝相會

他的期盼終能實現。在朋友們的空談理論之後，在他掏盡了痛苦的質問之後，上帝親臨到他的面前：「那時耶和華從旋風中回答約伯。」(伯三十八1)這股旋風驅散了積存已久的爭議，並否定了朋友們極力維護的賞罰制度。現在是上帝向約伯發問的時候了：

我立大地根基的時候，你在那裏呢？……
你曾進到海源，或在深淵的隱密處行走嗎。
死亡的門曾向你顯露嗎？
死蔭的門你曾見過嗎？（伯三十八4上、16～17）

在令人嘆為觀止的詩辭中，上帝被描繪成生命的泉源、創造天地萬物的主宰，既掌全權，亦永生永在。上帝並沒有將一套完善的解決方法送給約伯讓他度過難關；反而讓他掌握到榮耀神權的遠象，瞥見了上主的奧祕。約伯只好回應：

我知道，祢萬事都能做；祢的旨意不能攔阻……
我從前風聞有祢，現在親眼看見祢。（伯四十二2、5）

上帝在約伯受苦的時候，來到他的身邊。約伯雖然身陷逆境，但由於他具備勇於發問的精神，使他得以與上帝相遇。本來約伯與上帝的關係，既嚴謹肅穆，亦充滿著形式化的禮儀。就是經歷過一連串的折騰後，約伯現在與上帝可以面對面地相遇。他並沒有找到問題的答案，但他發現了上帝超乎我們一切的理解能力，更超乎我們一切的理論，上帝的奧祕一方面令人難以理解，另一方面卻令人欲罷不能。約伯理解到上帝操縱一切生命，只有祂才洞悉生死之謎。

約伯這齣好戲，以上帝和以利法的對話作為終結：

> 我的怒氣向你和你兩個朋友發作，因為你們議論我不如我的僕人約伯說的是。(伯四十二7)

朋友們對上帝的種種猜測和理論，原來都只不過是虛假的推論；反而約伯充滿痛苦的質問和抗議，卻為上帝所接受。上帝容許約伯向祂發洩內心的痛苦和怨懟，然後脫胎換骨成為一位信實的人，一位願意在上帝面前徹底坦白的人，一位不會放棄信心的人。上帝將約伯的財富交還給他：「耶和華後來賜福給約伯比先前更多。」(伯四十二12) 但是這連串的受苦，亦帶來了可以在上帝面前完全坦白和親自認識祂的機會，使我們從中領略到相當的福分。

面對失落時的靈命

在面對受苦和失落的時候，要建立靈性上的長進，是我們最大的挑戰。基督的福音對我們尋找屬靈的意義有否任何影響？基督徒對上帝道成肉身的這個信念，如何帶領我們尋找答案？以十字架作為中心的基督教信仰，向我們說明了甚麼？生活在十二世紀時代，又窮又傷的亞西西的法蘭西斯 (Francis of Assisi)，可以幫助我們面對今天的掙扎。

文德(Bonaventure)描寫法蘭西斯時說：「在修士們的心目中，他就像另一位約伯；他身體機能的衰退，剛剛和屬靈精神上的長進，成為明顯的反比。」[1]另一位目擊者論及法蘭西斯及約伯與受苦的人休戚相關：「我們能夠讀到有關約伯的窘迫：『我見人因無衣死亡，或見窮乏人身無遮蓋』(伯三十一19)，蒙福的法蘭西斯亦處於同一境況。」[2]他們都經歷過相仿的赤貧。法蘭西斯比約伯走運，他能夠參考基督的福音，從而領悟到找尋意義的線索。

和約伯一樣，法蘭西斯出生於大富之家，他的父親是一位成功的布商，一直期望兒子會分享他的財產，繼承父業。法蘭西斯起初亦按照父親的願望，經營商務。疾病的打擊令他徹底改變了對生命的觀點。文德繼續記載：

> 法蘭西斯還未曉得上帝為他安排了怎樣的計劃。他全情投入父親的生意之中，所關心的只是俗世的事情……遭遇打擊是鍛煉靈性的最佳方法……上帝通過連綿的疾病令他陷入低潮，目的是因為要妥備他的靈魂接受聖靈。[3]

法蘭西斯的皈依始自於與十架之上的基督相會。在他進入廢墟一般的聖達彌盎堂(Church of San Damiano)，他的注意力立即受到懸於聖壇上方十字架上受難的基督所吸引。法蘭西斯被上帝願意白白地負擔人類的痛苦，以致犧牲自己的聖行深深打動，並覺得奇妙和訝異。他覺得基督從十字架上對他説話，吩咐他要「重建我的教會」。這並非要他修補殘破不堪的聖達彌盎堂，而是希望他奮力改組教會，脱離俗世的競爭，回復到福音所教導的價值觀。加勒度(Carlo Carretto)描述法蘭西斯的回應如下：

> 我必須承認，就在那一刻，基督道成肉身的奧祕，令我驚呆……上帝居然會親臨塵世，這個意念成為了我對生命的一切內心尋索的惟一答案。耶穌就是一切意義的縮影：天地在祂身上化解了所有矛盾，融和達致構成了動人心魄、生死攸關的天人合一，從而滿足了人類慕義的飢渴。耶穌的十架是人類的喜樂，是博愛對於所有事情的回應，是一切爭端的消弭，所有僵局的調和，是上帝戰勝死亡的明證。[4]

十架到底為何如此打動法蘭西斯？因為他瞥見了上帝願意親自經歷和轉化我們的痛苦。祂對受苦並非毫無所覺——祂甚至選擇擁抱水深火熱的遭遇，從人的角度在痛苦之中改變苦難的本質，而並非以神祇的身分從天庭俯瞰塵世，以天外的力量調停一切。「他誠然擔當我們的憂患，背負我們的痛苦。」(賽五十三4上) 法蘭西斯在後期的著作中寫下：

> 我們的主耶穌基督是天父的聖道，充滿聖潔，受人尊崇。天使長加百列奉上帝的差遣，向昭明蒙福的童貞女馬利亞報喜，聖子便在母腹成孕，披上充滿弱點的人性……按照天父的旨意，昭明蒙福的聖子為我們降生塵世，在十字架上將自己獻上，涓流聖血，作為祭物；此舉得以成全，卻非為創造天地萬物之主 (約一3)，而是為了我們的罪，為我們留下榜樣，叫我們跟隨他的腳蹤而行 (彼前二21) ……有這樣一個甘願為羊捨命的弟兄 (約十15)，是何等平安、可喜、可愛，超乎一切心願。[5]

法蘭西斯對疾病的態度，因在亞西西城外路上與一個麻風病人的偶遇後，徹底改觀。在他碰到容顏受損或身體殘疾的人時，通常退避三舍。事實上，他特別恐懼接觸患病的人，並儘可能避開病人居住的地方。但當他在小路上碰見這位衣衫襤褸、雙手纏著繃帶的病患者時，心中油然產生了惻隱之心。他忽然覺得內心有一股力量，不但走近病人，而且還觸碰和擁抱他。稍後他還思量這一次的邂逅是否讓他碰見基督。他稍後將這一段經歷數算為他生命的轉捩點，並寫出扣人心弦的描述：

> 上帝就是這樣感動了我，法蘭西斯弟兄，從此開展苦修的生命。當我身處罪惡之中，看見麻風病人會令我極度不安；是上帝親手將我帶到他們的羣體之中，而我則能在心中憐恤他們。當我更加認識他們之後，本來令我不安的事情，如今卻成為了靈性及身體上慰藉的泉源。

在同一精神之中，他繼續寫道：「我們祝福你，因為你藉著聖潔的十架，拯救了世界。」[6]

上帝在痛苦中向我們講話

法蘭西斯能夠領悟到人類的痛苦和耶穌基督在髑髏地捨命的關連。他看到上帝分享我們的生命、拯救我們——文字上的解釋，就是「買回」、「擁有」——脫離罪惡。原本對受苦的極度反感，如今變成了憐恤，以法蘭西斯的例子而言，他學曉了與傷痛的人一同受苦。法蘭西斯還理解到上帝通過痛苦，向我們講話，吩咐我們要面對生命中最重要的事情。魯益師 (C. S. Lewis) 曾有力地指出：

> 上帝在我們的歡愉中向我們慢聲細語，在我們的良知中向我們講話，在我們的痛苦中向我們疾呼：這是上帝對一個充耳不聞的世界的傳話筒……無疑，以痛苦作為傳話筒實在有點可怕，我們可能毫無悔意、一心叛逆。但這是一個惡人改正的惟一機會。痛苦會扯下面紗，將真理的旗幟樹立在叛逆心靈的城堡之中。[7]

魯益師認為痛苦的經驗能夠粉碎我們認為萬事大吉的心態，破壞了我們覺得沒有上帝也無甚不妥的錯誤思想。痛苦亦粉碎了我們能夠自給自足的幻象，令我們在禱告或投訴之中，倚靠上帝。痛苦可以令我們對善惡對壘這些重要問題保持警覺，亦能提供機會重新向上帝順服，因為與祂相通本來就是我們受造的原意。法蘭西斯當然不可能用這些方法解釋，但他可以在每一個受苦的人之中看見了耶穌基督。他相信對有眼能見的人來說，受苦蘊含著啟示作用。在法蘭西斯而言，上帝最有力的教誨，乃是通過貧窮和痛苦的經驗而獲得，叫我們要簡樸和存信心過活。他雖受創造奇妙所感動，但是上帝的大愛乃在基督的受難中至為明顯。他認為十架這副刑具是希望的象徵：「因他受的鞭傷，你們便得了醫治。」(彼前二24) 從十架所流出的寬恕與恩賜，能令我們對痛苦改觀。

法蘭西斯的一生都離不了受苦、困難和纏綿的疾病。他認為這些經歷令他與基督合一，而基督則是上帝的愛與憐恤的化身。他接受了與基督同行的天命，並立意要向世人宣講十架的力量。法蘭西斯提醒我們，生命中發生的事情，並非由自己所選擇，但我們可以選擇如何回應。受苦和失落的經驗往往令人怨憤和苦澀，但我們可以視之為「是客旅、是寄居的」(彼前二11) 在世生命的一部分。我們甚至可以用盼望的精神，將這些經歷看為接近上帝的橋梁。上帝自己促成這種開明的態度，和從受苦的經歷中接受正面教訓的能力。法蘭西斯的第一位傳記作者西拉諾的多馬 (Thomas of Celano)，描寫他在這個角度理解受苦是何等的恩賜：「法蘭西斯如何抵受各種的受苦，實在令人匪夷所思；但他並不以苦難視之，反而稱之為姊妹……我覺得要理解他的觀感，便應明白他覺得受苦會帶來『極大的獎賞』。」[8]

在意大利的拉維納山 (Mount la Verna) 上，法蘭西斯默思禱告，祈求感受基督大愛的恩賜，在他的雙手雙腳和肋旁，出現了如受難基督一般的傷痕，接受了聖五傷的恩典。這是他一生虔敬，探索十架奧祕的巔峯。在他而言，「我已經與基督同釘十字架。現在活著的，不再是我，乃是基督在我裏面活著；並且我如今在肉身活著，是因信上帝的兒子而活；他是愛我，為我捨己。」(加二20) 加勒度更寫道：「當我知道自己的雙手和雙足均有傷痕，特別是肋旁也有時，我才理解到著實地愛人是怎麼一回事。愛是一件十分嚴肅的事情，一項艱巨的挑戰。」[9]法蘭西斯理解到在這一刻，每一位基督徒都受到邀請，接受火熱的心、重新得力、得到授權、莊嚴聖化，被愛完全治癒。

兩年之後，法蘭西斯安然地在喜樂與盼望之中，欣然離世；他稱之為「生命的閘門」。他是一個屬於復活節的人，不但對基督的受難感到奇妙，亦對復活感到無限欣喜。在他臨終之時，法蘭西斯要求身邊的人為他從約翰福音十三章開始，誦讀基督從死到復活的選段。他作好了準備，與「死亡姊妹」邂逅，好像迎接朋友一般，絕不覺得自己要面對可怕的敵人。以利亞弟兄(Brother Elias)質疑他為何能夠在面對死亡時那麼鎮定，他回答道：「弟兄，讓我首先讚美上主……藉著聖靈的恩典，我何等接近我的主啊，藉著祂的仁愛，我可以在至高者中尋得喜樂。」[10]法蘭西斯的希望之鑰，是他與基督合一的堅定信念。

是故，法蘭西斯為我們指出了在受苦之中面對面接觸十架力量和復活奧祕的靈性旅途。他教導我們，在軟弱的時候，上帝的引領至為強而有力。他教導我們，只有通過支離破碎的經歷，才能夠體驗達致完滿的道路；在此之外，再也沒有別的途徑了。他更提醒我們，假如我們希望踏上憐恤的道路，我們必須承認自己虛弱、易受傷害。基督曾經應許：「我的恩典夠你用的，因為我的能力是在人的軟弱上顯得完全。」(林後十二9) 受苦的矛盾等同於十架的矛盾，是人類的理解能力和邏輯所不能解釋的。我們再次看到福音所舉的相反例子，告訴我們：「凡要救自己生命的，必喪掉生命；凡為我和福音喪掉生命的，必救了生命」(可八35) 。

頌讚的力量

最後，讓我們記憶起法蘭西斯和約伯一樣，可以在受苦之中頌讚上帝。法蘭西斯所作的《太陽頌歌》(*Canticle of the Sun*) 流傳甚廣，內容慶祝上帝創造天地的仁愛，並譜成聖詩《我神我王的萬物眾生》(*All Creatures of my God and King*) ，膾炙人口。這段精彩的聖詠是如何寫成的？請參考一位早期的目擊者的筆錄記載：

> 一天晚上，當他正在思想目前所受的苦難時，他覺得自己十分歉疚，便在心裏嘀咕：「主啊，求你在我患難之中幫助我，使我得到力量，能更加耐心地負荷我的擔子！」忽然間，他聽到一個聲音在他的心裏說：「……在你的受苦和傷痛之中要不忘喜樂：從今以後，你要在平安的心境中度日，就像你已經和我一起分享天國的福樂。」第二天早上起牀的時候，他對同伴說：

「……就是這樣，我應當在受苦和傷痛之中要不忘喜樂，在我主之中尋得慰藉，並向天父上帝和祂的獨子我主耶穌基督以及聖靈，獻上感恩。事實上，上帝在祂的慈愛之中已經賜給我恩典和祝福，紓尊降貴向祂身處塵世的卑微僕人曉諭，祂會與我同享天國的福樂。就是這樣，為了祂的榮耀，亦為了我的慰藉，更為著我的鄰舍的啟迪，我會為受造物寫作一篇《頌讚上主》。天地萬物每天供應我們的需求……但我們卻沒有每天頌讚造物主，感謝祂安排的福分。」[11]

法蘭西斯在掙扎之中，亦會受自憐的誘惑，但他不忘兩件事情。首先，他理解上帝愛護及珍惜他，而他已經獲賜天國嗣子的身分。這一刻更令他深信不疑，因為他發現了就是在受苦之中，他仍屬上帝，仍然掌握著永生的應許。第二，他醒悟到上帝為世人妥備的一切，我們多麼容易認為是理所當然的事情。他不但明白到上帝宏恩的浩大，數算著自己的福分，並將萬物視為弟兄姊妹。這一來他亦將上帝永恆可靠的仁愛作為背景，從新的角度考慮他的困境。法蘭西斯發現了保羅在帖撒羅尼迦前書(帖前五16～18)所建議的恩賜：「要常常喜樂，不住的禱告，凡事謝恩；因為這是上帝在基督耶穌裏向你們所定的旨意」。頌讚改變了他的觀點，令他脫離自己，獻心予上帝：

至高、全能、仁愛之主，
所有頌歌、榮耀、尊崇和祝福都歸予祢……
祢創造天下萬物，我們要歌頌祢
太陽、月亮、風、火、大地
都是弟兄姊妹和母親
為了我們互相寬恕過失
為了我們因愛祢而忍受疾病和受苦
我們要歌頌祢。
在平安中承受苦楚的人有福了，
祢將冠冕戴在他們的頭上，
祢是至高無上的主宰。[12]

反思和討論問題

1. 你能否在約伯與上帝掙扎的故事中，取得同感？關於苦難，你會向上帝提出甚麼問題？或訴說甚麼情感？
2. 法蘭西斯的理論是否只適合聖人？我們能夠吸納作為自己的觀點嗎？

3. 當你到醫院探望病重的人時，你會見到甚麼？

禱告練習（可選以下形式）

範本一：

按照法蘭西斯的方法，分配一些時間為受苦的人代禱。他禱告的時候會將雙臂張開成十架的形狀。你這樣做的時候，感受基督如何環抱所有痛苦的人。以《太陽頌歌》的感恩句語作結。

範本二：

將一個大的十字架放在地上或矮桌上。取過一朵花蕾在手中，感受到它代表了我們的軟弱和美麗。讓它也代表著你的生命之中一個特別的處境，或者是別人的生命之中令你心中關注的問題。將花蕾靜靜地放在十字架之上，代表了你向為一切弱小受苦的基督，獻上你的順服，祂在弱小者的生命中受苦和盼望。誦讀腓立比書二章1至11節作結。

註釋：

1. Habig, M. A. (Ed.), *St Francis of Assisi: Writings and Early Biographies: Omnibus of the Sources for the Life of St Francis* (London: SPCK, 1979), p. 738.
2. Habig, *St Francis of Assisi: Writings and Early Biographies: Omnibus of the Sources for the Life of St Francis,* p. 1034.
3. Habig, *St Francis of Assisi: Writings and Early Biographies: Omnibus of the Sources for the Life of St Francis,* p. 636.
4. Carretto, C., *I, Francis* (London: Fount, 1982), p. 33.
5. Habig, *St Francis of Assisi: Writings and Early Biographies: Omnibus of the Sources for the Life of St Francis,* p. 93, 96.
6. Habig, *St Francis of Assisi: Writings and Early Biographies: Omnibus of the Sources for the Life of St Francis,* p. 67.
7. Lewis, C. S., *The Problem of Pain* (London: Fontana, 1976), p. 81, 83.
8. Habig, *St Francis of Assisi: Writings and Early Biographies: Omnibus of the Sources for the Life of St Francis,* p. 532.
9. Carretto, *I, Francis,* p. 130.
10. Habig, *St Francis of Assisi: Writings and Early Biographies: Omnibus of the Sources for the Life of St Francis,* p. 1041.
11. Habig, *St Francis of Assisi: Writings and Early Biographies: Omnibus of the Sources for the Life of St Francis,* p. 1020~1021.
12. Habig, *St Francis of Assisi: Writings and Early Biographies: Omnibus of the Sources for the Life of St Francis,* p. 1259.

延伸閱讀：

Thomason, B., *God on Trial: The Book of Job & Human Suffering* (Minnesota: Liturgical Press, 1997).

第 6 章

與信仰使命的掙扎

馬利亞 MARY

在我們的生命中，掙扎尋求自己真正的信仰使命，往往令我們覺得困惑。我們碰到很多很難解答的問題。我怎樣才可以得悉上帝對我的生命有甚麼旨意？我應該如何接納並非自己首選的召命？當我感到上帝呼喚我改變路向時，應如何回應？我應該準備改變和發展自己的召命嗎？

近年來，基督徒紛紛重新發現到馬利亞能夠啟迪我們靈性的能力。她被再度認定為基督徒生命的代表和典範。事實上，馬利亞可算是第一位基督的門徒，象徵著每個基督徒的使命：回應上帝的呼召、披戴基督，並與世人分享基督。對於馬利亞的掙扎，她一生之中與上帝的角力，世人甚少理解。當我們關注這些問題時，我們會發現馬利亞能夠一方面教導我們作為「肩負基督者」的一般義務，另一方面亦啟發我們如何在自己生命的範圍之內，對個人的信仰使命作出獨特的回應。

在天使報喜時，馬利亞可能是一個只有十五歲的姑娘，但卻被邀參與上帝為這個世界安排的計劃。上帝的使者加百列向馬利亞請安、並説道：「蒙大恩的女子，我問你安，主和你同在了！」馬利亞不但十分驚訝（路一29），她還感到困擾、不安、心煩意亂——希臘原文是指「陷入極端混亂和惶惑之中」。她嘗試理解信息的意思，加百列則安慰她，並告訴她不用害怕——到底她的心裏懼怕的是甚麼？當她感覺到上帝呼召她做一件聞所未聞的事情，心中會產生甚麼憂慮？

也許她覺得自己萬分不配——「為甚麼選擇我？一個微不足道的小村莊裏的一個未受過教育的少女，能夠在上帝的計劃當中扮演甚麼角色？」除此之外，她一定深深地覺得自己不合宜，明知自己並沒有甚麼資格或天分，可以面對將要發生的事情。我們每當需要面對新挑戰的時候，都會感覺到類似的恐懼。我們容許自己在心裏收藏起對失敗的恐懼，往往問自己：假如我令他人失望，怎麼辦好？假如我不能達到他們的要求，怎麼辦好？我們最害怕的，就是遭別人抗拒。我會不會惹人笑話？我會不會吃力不討好？我們也會對未知之數產生莫名的恐懼感——上帝到底想我怎樣？我會面對怎麼樣的冒險和犧牲？我的家人會受到影響嗎？我需要搬家嗎？我需要放棄甚麼？我要應付甚麼事情？

我們都能夠理解馬利亞面對自己的恐懼時，所感覺到的羞怯和猶豫。當她回應上帝呼召的時候，她坦白地顯露出焦慮；她教導我們要在禱告之中表達自己的困擾和憂心。當我們在禱告之中，與上帝分享內心的煎熬和疑問，我們才能夠轉化恐懼。我們可以重新獲得保羅的信心：「我深信那在你們心裏動了善工的，必成全這工，直到耶穌基督的日子。」(腓一6) 在禱告之中，我們也可以得到保羅的保證：「那召你們的本是信實的，他必成就這事。」(帖前五24) 但首先，我們必須將恐懼表達出來，並交託在上帝的手中，要不然這些負面的思緒會縈繞不散，最後會令我們癱瘓，無力採取任何行動。憂慮能夠不斷耗費我們的精力，所以我們必須果斷地將噬咬著我們的困擾交託給上帝。只有這樣，我們才能逐漸重拾信仰。這就是馬利亞的經驗了。

她將自己的疑問帶到上帝跟前。路加記載她如何在信實、脆弱和人性的軟弱之中與上帝相會。上帝在她的面前鋪陳敍述祂偉大的計劃，呼喚她負擔她的角色，邀請她作彌賽亞的母親。馬利亞的回應，乃是一個世世代代不斷回響、痛心的問題：「這件事情怎能成全？」每當我們覺得上帝在提醒和督促我們作出新嘗試的時候，這無疑也是我們的問題。我們怎樣應付才好？我們能夠捱得住嗎？事情都會順利地解決嗎？我們有甚麼可能面對未來的一切挑戰？

如果馬利亞的疑問亦是我們的疑問，那麼她得到的答案也就是我們的答案了：「聖靈要臨到你身上，至高者的能力要蔭庇你……因為出於上帝的話，沒有一句不帶能力的。」(路一35、37) 馬利亞應邀，深深地喝下被聖靈充滿的生命之泉。她得到保證，知道聖靈會灌輸力量給她，使她堅強，並會不斷支持她。她深信看起來似乎是沒有可能的事情，都會變成上帝的機會。就是憑著這股信念和鼓勵，馬利亞的焦慮和猶豫漸漸退去，她的情緒開始緩和；她的行徑正好吻合了福音的結晶、基督徒生命的祕密。

基督徒的信仰，並非一個自己動手創作的宗教。我們並不需要孤軍作戰，或單靠自己的力量。我們受到上帝的呼喚，向祂委身，容讓祂以我們的生命作工。基督徒的信仰使命，就是與上帝的夥伴關係。正如我們從路得的經歷知道，我們應邀，是與上帝同工。除非我們能夠醒覺到聖靈能夠徹底覆蓋我們這個事實，否則我們將永遠無法明白我們的召命。除非我們可以像馬利亞一樣，明知自己的脆弱而仍有足夠的勇氣開放自己，接受聖靈，否則我們將會錯失了基督徒生命的祕密。

馬利亞獲得的應許，歷代信徒都得以領受；這是復活的基督所應許祂的教會的：「聖靈降臨在你們身上，你們就必得著能力。」(徒一8) 保羅亦有強調：「豈不知你們是上帝的殿，上帝的靈住在你們裏頭嗎？」

（林前三16）我們需要超越學術上對這個見解的認知，而用心靈領受和經歷——與馬利亞一樣，在體認和意識上，體會到上帝不但充滿在天地之間，亦同時灌注在我們的心靈之中。我們和馬利亞一樣，能夠捨棄俗世的成就，排除內心的阻障，而純全地渴求聖靈。我們必須理解，上帝亦希望我們能夠接受聖靈，並且不忘基督的教訓：「你們雖然不好，尚且知道拿好東西給兒女；何況天父，豈不更將聖靈給求他的人嗎？」（路十一13）

馬利亞在天使報喜時的掙扎令我們看到：當我們能夠從桎梏中釋放自己，允許上帝用人的生命作工時，世界將可能會達致的境地。她向我們展示出，我們既可以掙脫恐懼的制肘，更可以放棄自己對上帝的狹隘理解。她提醒了我們，作為一個基督徒最終極的天命，就是成為上帝聖靈在世的渠道、工具和器皿。當她一旦明白到聖靈會徹底地覆蓋她，隨之而來的便是無盡的勇氣和順服，向上帝作出了她最神聖的承諾。聖靈的應許，令她受到感動，原來的恐懼化成了信靠，令她能夠徹底地、毫無保留地委身事奉上帝。這是一件天大的事情、一項賭博、憑藉著信仰的騰躍。這亦是信仰的本質——我們能否願意向未知的將來踏出第一步，與馬利亞同聲稱頌：「我是主的使女，情願照你的話成就在我身上。」（路一38）

困惑與禱告

在聖經之中，馬利亞的的故事正好反映出，她如何通過不斷的掙扎，才能明白上帝的旨意，和充分理解她生命中所發生的事情。路加在福音書內對這件歷史事件作出了正確的描述(參看路一1～4)，他的敘述特別仔細地描寫了馬利亞的內心掙扎以及回應。她的第一個反應，就是起程去探望住在八十里外的表親以利沙伯(路一39～56)。這一趟行程十分匆忙，馬利亞急不及待，要與知心的親人分享自己的喜樂和關注的問題。她並沒有將事情收藏起來，亦沒有獨自一人胡思亂想，為自己的困擾而擔憂；她明白到事情的重要性，所以毫不耽誤時間，果斷地向以利沙伯盡訴衷情。她知道以利沙伯值得信任，會了解她的處境，所以並沒有遲疑不決。你能夠想像馬利亞與以利沙伯的會面嗎？我們可以肯定的是，她們一定在淚水中分享了不少喜樂和困擾。馬利亞以我們今天膾炙人口的《尊主頌》，為自己的感情作出結論，為這違反一切常規和俗世價值的福音，譜寫了歡慶的頌歌。她讚美這位令人難以預料的上帝：

> 那狂傲的人正心裏妄想就被他趕散了。他叫有權柄的失位，叫卑賤的升高。(路一51～52)

當耶穌降生的時候，牧羊人都跪下敬拜祂，並回報了有天使出現歌頌，馬利亞對這一切都十分陌生，掙扎著理解其中的意義。她不斷地自問：到底發生了甚麼事情？這到底有甚麼意思？自開始時，她已經要和陌生人分享她的兒子，她對牧羊人所說的話，既感到驚奇但亦感到欣悅。路加細意地記載：「馬利亞卻把這一切的事存在心裏，反覆思想。」(路二19) 她發現了在默思禱告之中，我們將自己的困惑和希望都帶到上帝跟前，並將自己完全交託在祂的手中。這一種經歷，就是在上帝面前完全坦露自己的內心深處，並學習接納上帝的醫治和令人振奮的仁愛，從而達致整全的靈命。

希臘語翻譯出來是「反覆思想」的原文意義甚為豐富：這個詞包含了「匯集」的意思，就像分流匯集成川。馬利亞亦在內心整理百感交雜的思緒，掙扎著處理了基督亦神亦人的矛盾，她那個在卑微馬槽而非達官府第降生的兒子，亦肩負了拯世救主的身分。希臘語動詞「反覆思想」是指將零星落索、不可互相比擬的元素匯集起來，整理出一個系統。這個動詞亦可指由個人負擔自己的角色，作出自己最優秀的貢獻。馬利亞的默思禱告包含了以上一切的意義，她要維繫充滿矛盾的感情，一方面希望保護她的孩子，另一方面卻知道要願意與世人分享；她的希望和恐懼，開始匯聚一起。她發現了上帝希望她負擔的是怎樣的角色，並逐漸地理解到她所必須作出的貢獻。路加描述了馬利亞所面對的痛苦，並敘述了這份痛苦逐漸轉化，令她感到目標逐漸清晰，而她亦掙脫了生命中絮亂的片斷，呈現出整全的靈命。不過，我們並不是時常都可以協調矛盾的。馬利亞在靈活的張力之中，學習掌握她召命的矛盾。

在嬰兒降生四十天之後，虔敬的老人西面在聖殿的梯級上與聖嬰相會（路二25～35），馬利亞被他的喜悅與盼望深深感動了。路加記載：「孩子的父母因這論耶穌的話就希奇。」（路二33）他所用的語句，和描寫人羣對牧羊人的反應相同（路二18），表達了徹底的訝異，甚至困惑。馬利亞只有瞠目結舌的分兒，接著更聽到了西面奇特的預言：「你自己的心也要被刀刺透。」（路二35）這個預言開始準備馬利亞的心思意念，承受將來要發生那不可言喻的痛苦。

在十二年之後，馬利亞再一次來到聖殿，在完成了家族往耶路撒冷的朝聖禮拜後，她離開耶路撒冷時，孩子不在身邊。她還以為耶穌會跟著其他家庭成員踏上歸途。這個無情的打擊，是一個粗暴的教訓。耶穌再也不是一個小孩子，他已經開始成熟了。路加報導：「他父母看見就很希奇。」（路二48）路加使用的希臘原文包含著徹底驚訝、甚至倉惶失措的意思。耶穌解釋：「……豈不知我應當在我父的家裏嗎？」路加不客氣地指出：「他所說的這話，他們不明白。」（路二49、50）

在這些章節之中，路加無意間道出了馬利亞的內心掙扎和困惑。她必須要學習怎樣放開孩子。她眼見兒子身負使命，履行天父的神聖旨意。她也理解自己的召命正在蛻變之中：她不再是一個小孩子的母親，養育和保護一個孩子的階段經已完成，她的角色開始起變化了。她並未能夠馬上了解這些變化，故此這個過渡時期亦令她相當痛苦。路加告訴我們馬利亞如何處理她的痛苦：「他母親把這一切的事都存在心裏。」（路二51）路加的所謂「存」在心裏，更貼切的解釋是「珍藏」在心裏，指「仔細地觀察、保護」。她將所有事情都記在內心深處，並在心裏接受天賜的平安。她再一次發現默思禱告是我們讓生命與矛盾和窘迫相遇的地方。

在我們的生命之中，往往會發生不受我們控制的事情。當我們需要放開懷抱，讓我們關注的事情或親近的人取其所向，我們便需要學習像馬利亞一樣，將憂慮和焦急化為禱告。就是在禱告之中，我們能夠瞥見天意的觀點，令我們感受到聖靈神授的動力；而我們亦能感受到上帝對我們的敦促，希望我們能夠過渡到更高層次的使命。有時候我們會像馬利亞一樣，發現自己的信仰使命要蛻變和轉化。我們的角色會產生變化，各種關係和期望都因應改變，所以我們在內心掙扎當中應當效法馬利亞，學習如何放開舊日的習慣，發掘自己迎接新事物的勇氣，我們必會經歷內心的掙扎。

延續與變遷

如果聖殿與耶穌失散了的一幕是一個難以明白的教訓，迦拿婚筵更進一步肯定了馬利亞的使命已敞開新的路向。她參加的婚筵缺酒，她便告訴耶穌眾人的需要，從而發動了耶穌的宣教事工。當她說：「他們沒有酒了」(約二3) 時，耶穌的回答直接翻譯過來就是：「對我、對你又怎樣？」法國泰澤會的杜利安 (Max Thurian) 解釋：「這一句十分猶太化的說話，表達了兩個人之間的關係，既可以是互相認同亦可以是各持相反意見的關係。這一個例子，如果我們按照內容考慮，便應翻譯成：『婦人，我與你之間有何關係？』」[1]耶穌這樣說，是指出了當時大概四十五歲的馬利亞要作好準備，適應逐漸向新的向度發展的使命，讓自己的眼界開拓得更加寬闊。信仰使命是不會停滯不前、墨守成規的，使命會增長、成熟、可能會取決新的方法或表達模式。對所有年紀漸長的人，基督曾說：「我們之間現正發生甚麼事情了？我與你之間的關係處於甚麼境況？」基督吸引我們前行，催促我們不斷探索，以求在生命中實現我們的信仰使命。

在馬利亞的生命中呈現的新角色，就是基督稱她為「婦人」而不是「母親」。祂以這個新的稱呼，記念創世記裏「女性」的典型 (創三15)。基督呼喚馬利亞作為人類的新「夏娃」，她的責任已經超越了只照顧一個年幼的基督，而變成了新創造、新選民的教會的象徵和模範。在基督宣教的三年之內，她都曾陪伴祂，自迦拿至迦百農的加利利海邊，都能夠找到她的腳蹤（約二12）。她覺得自己與耶穌的關係，漸漸轉向新成立的基督羣體的關係，成為了他們的榜樣、關顧和代禱者。耶穌在祂的教導當中，說她能感動我們聆聽上帝真道、並坐言起行（參看太十二46～50；路十一27、28）。也即是說，她是門徒身分的典範，而基督更告訴我們，每當我們成全上帝旨意的時候，我們其實成為了祂的母親。

馬利亞必須適應她這個新的角色。開始時感動她的聖靈，至今仍然灌注力量給她，令她能夠適應不斷變遷的處境。她現在需要卸下早期作為一位母親的角色，衝破多年來逐漸養成的習慣，及一切有關的界線和限制，接納自己的兒子已經長大成人。她現在需要發掘新的資源，以容許她設立新的工作。她首要的使命固然是要將基督帶到這個世上，她現在所面對的新角色，同樣的難以掌握，要求亦不減當年，而且將會使她傾盡全力。這是一個十分痛苦的過渡時期，馬利亞要捨棄過去在拿撒勒的居所尋得的安全感，踏上一位朝聖者的旅程。她必須容許自己花一點時間，哀悼將要捨棄的過去，這是處理自己失落了的熟悉的事情之時，必須經過的處理過程，不能草率地棄諸不顧。但是在此同時，她亦昂然地向將來邁出了第一步。正如羅海撒（Ron

Rolheiser）神父指出，有兩種經驗「死亡」或分離的方法，我們可以任擇其一。[2] 我們可以將事情看為「終極性的死亡」，這種死亡意味著生命和一切可能性的完結，帶著悲劇性的終結。我們也可以選擇將分離看為一種「逾越的死亡」，即是當我們完結這一種生活模式之時，我們亦打開了一種新穎的、可能是更豐盛的生命形式。基督呼喚她承擔這種新的事奉模式，令她在自己的內心，找尋到更深邃、更潛在的恩賜。

在迦拿，耶穌曾經向母親指出了自己的「時候」的重要性（約二4），提及了聖子受難、遭人遺棄的時刻（約十二27～33）。就在這一個受苦與榮耀交接的時刻，馬利亞受託在上帝選民之中的事工，開展了新的一個階段。釘在十字架上的耶穌，再一次稱呼她為「婦人」，並向象徵教會那位祂所愛的門徒說：「看，你的母親！」（約十九27）馬利亞再一次是一位母親，她所要養育和支持的，不再是年幼的基督，而是基督的身體、地上的教會。

馬利亞在這時候已經差不多五十歲了，她與基督徒羣體的接觸點，不斷地擴闊，使徒行傳開始的章節，便有記載。路加在他的福音書之中，將馬利亞描寫得栩栩如生，現在他清楚敍述她持續的責任便是要與門徒同在一起，在耶路撒冷的樓房等候基督應許他們的聖靈降臨：「這些人同著幾個婦人和耶穌的母親馬利亞……都同心合意地恆切禱告。」（徒一14）馬利亞現在處於領導地位，鼓舞和支持著初期教會。她在拿撒勒的經驗，令她成為第一位經歷聖靈覆蓋的人，現在她教導門徒，要敞開自己的心扉，接受上主的能力和帶領。我們可以看見她分享了自己經歷聖靈的體驗，鼓勵門徒不要失去希望，而且應該恆切地、充滿盼望地禱告，祈求聖經應許的聖靈臨格。就在樓房裏，馬利亞欣然接受新角色的責任，領導和關顧上帝的信眾。

在馬利亞的事迹中，我們可以看見上帝如何不斷地帶領我們尋找新的方向。馬利亞教導我們要不斷警醒，在變遷的環境之中不斷回應上帝的呼召。她亦敦促我們在流逝的歲月中，當我們年紀漸長之時，亦應保持警醒，接受上帝的新啟示。她提醒我們信仰使命是會不斷地進化和改變的，當呼召漸趨明朗的時候，我們需要以寬宏和願意接受改變的態度，以適應新的維度。她代表了我們也必須面對的掙扎，當我們完成一項責任的時候，便應當作好準備，毫不猶疑地、不計較自己的身分地、謙虛地接受新的使命。最重要的是，馬利亞教導我們在基督化的生命之中，必須保持自己的可塑性，不能允許自己滯留在發展靈命的旅程之上，不願長進。我們必須保持集中，尋找上帝開拓的新機會，哀悼必須成為過去的事情，然後勇往直前。馬利亞驅策我們培養最基本、最重要的必要條件：信靠是始亦終的上帝的，只有祂才能夠在開端之時已知終結。她懇請我們保持開明的態度，接受聖靈的覆蓋，只有祂才能令我們接受任務、憑著信仰騰躍、進而將我們推送到事工的新階段。

馬利亞站在十架之下的情景，讓我們體會了我們將需要何等的勇氣，去面對我們的信仰使命要我們承擔的代價。馬利亞在樓房與門徒站在一起，等待聖靈降臨的情景，我們獲得重新保證，就是上帝的靈將會令我們不但能夠存活下去，而且必能獲勝的重新保證，因為聖靈是基督化生命的媒介和內在動力。

我們在甚麼地方可以找到一些啟示，幫助我們塑造靈命，感動我們對基督化使命採取帶動態的觀點，並得到聖靈的充滿？早期教父呂撒的貴格利（Gregory of Nyssa），在四世紀時居住在土耳其的卡帕多其亞石區，是東方教會一位出類拔萃的神學家。他將一套令人振奮的遠象與信徒們分享，並指出基督化的生命是會在聖靈的促使下，不斷演進的。他的主要論點是保羅的決心：「忘記背後，努力面前的，向著標竿直跑，要得上帝在基督耶穌裏從上面召我來得的獎賞。」（腓三13～14）保羅在這裏告訴我們，基督徒的生命裏是容不下自滿的。我們永遠都不能停滯不前，應該不斷展延自己，奔向那「從上而來」的召喚。

上帝邀請我們將基督化的使命視為一項歷險，而我們則應該不斷地成長。貴格利督促我們脱離所有一成不變、預知一切的生活模式，跳出那不斷重複的踏旋器，不要在原地踏步。他鼓勵我們在基督之內發掘自己的潛質：「我們的易變性最優秀的地方，就是增長仁愛的可能性……讓我們的改變，永遠都是上進的，自榮耀進入榮耀，不斷進步，至臻善境。」[3]貴格利認為，靈命程途上的每一個階段都是一個開端，而非一個終結。我們永遠都不能說自己已達到終點。正如希伯來書所指，讓我們「放下各樣的重擔，脫去容易纏累我們的罪，存心忍耐，奔那擺在我們前頭的路程，仰望為我們信心創始成終的耶穌」（來十二1～2）。在貴格利眼中，最大的罪就是自滿、只願停留在勝利裏。

貴格利在修閱雅歌時，體會到上帝（新郎）和基督徒（新娘）之間的關係的有力寓言。新郎充滿活力，時常處於動態之中：

> 聽啊！是我良人的聲音；看哪！他躥山越嶺而來。
> 我的良人好像羚羊，或像小鹿。（歌二8～9）

當新娘躺臥在長椅上舒展時，新郎送給新娘的信息是：

> 我良人對我說：我的佳偶，我的美人，起來，
> 與我同去！（歌二10）

他再次重複呼喚（歌二13）。貴格利論述：

就是這個原因，聖道再一次向蘇醒的新娘呼喚：起來吧；而當她起來之後，便同去。能夠應這呼喚而起的人，能夠再三起來；對願意奔向上帝的人來說，聖道的廣闊是無窮盡的。我們必須不斷地喚醒自己……因為每當上帝呼喚我們起來與祂同去的時候，祂都賦予我們力量，使我們得著長進。[4]

在這個情景之中，貴格利領略到基督徒使命的有力寓言。我們不能允許自己太過滿足於自己的屬靈狀況。我們亦不能靠著過去的得著而沾沾自喜。上帝不斷地呼喚我們進展到新的階段，每當我們抵達目的地時，那就是我們繼續發展的跳板！我們必須不斷地進步。

這麼一來，我們便需要堅強的意志和穩定的決心。我們需要培養對靈命不斷長進的渴慕和欲望。對貴格利來說，這是個人努力和天賜恩典的夥伴關係。聖靈能夠將基督徒的使命轉化成為更加深入探索上帝奧祕的奇遇，祂賜力量給我們，使我們可以參與聖潔的生活，從而使我們在世的生命，充滿生氣、保持活躍、達致圓滿：「富饒和慷慨的聖靈不斷地貫注到接受恩典的生命之中……能夠誠意地接受這些恩典的人，聖靈會按照他們信仰的程度與他們同工，並會成為他們的良伴。」[5]聖靈幫助我們達致我們能力的極限，令我們與上帝更加相像；貴格利更認為我們的靈魂「將通過聖靈的恩賜，與盛放花朵一般美好。」[6]貴格利將聖靈想像為一隻鴿子，不但為我們的生命沉思、盤算，亦會賜我們雙翼，讓我們振翅高飛，但不會在山峯上久留，因為我們必須繼續翱翔：「靈魂將要不斷的提升，渴慕著天上的事情，如使徒所指『在我們之前的』，從而使我們的靈魂飛升至更高的境界。」[7]

如果一位基督徒能夠接受聖靈的帶領，那麼靠人的努力而為又算甚麼呢？貴格利強調：

> 不要因為富饒及慷慨的聖靈施恩，便盲目地接受，一心以為掌握了達致圓滿的一切要素⋯⋯這樣，必須做到，就是我們永不要自艱辛的壓力鬆懈，或躲過掙扎的事，即使我們曾經創下佳績，我們都需要努力不懈，忘記「背後」(腓三13)，展望將來。[8]

貴格利鼓勵我們與聖靈緊密合作。不斷的成長亦即是持續的掙扎。但貴格利向我們保證：「我們能夠不斷接受聖靈的培育和基督的力量，我們便能輕易地奔走拯世之途，一切掙扎亦會顯得輕省和愜意⋯⋯因為上帝會體恤我們的熱情盼望，而親自幫助我們。」[9]

反思和討論問題

1. 馬利亞的召命的過渡期，與你的經驗可有相似的地方？
2. 你對貴格利與不斷在使命中成長的遠象，有何回應？
3. 在你靈命長進的旅程上，是甚麼令你裹足不前或減慢速度？
4. 你對五年、十年之後的自己，有甚麼展望？你認為你那時會在做些甚麼事情？你認為你會變成一個怎樣的人？

禱告練習（可選以下形式）

範本一：

試想像你是以利沙伯，要與馬利亞會面（路一39～45）。她會與你分享哪些喜樂和困惑？你會向她剖白甚麼恐懼和盼望？她如何安慰和鼓勵你，繼續堅守你的使命？誦讀馬利亞之歌《尊主頌》（路一46～55）作結。

範本二：

寫下你對自己的使命有何盼望與恐懼；以喜樂、信靠和折服的心，將紙摺起放在十架之下或夾在聖經裏。以卡達（Sydney Carter）的聖詩作結：

我要在世上多邁一步，
我要在世上多邁一步，
從舊事至新，容我與你同行：
我捨舊迎新，容我與你同行。

註釋：

1. Cryer, N. B. (Tr.), *Max Thurian: Mary, Mother of the Lord, Figure of the Church* (London: Faith Press, 1963), p.137.
2. Rolheiser, R., *Seeking Spirituality* (London: Hodder & Stoughton, 1998), Chapter 7.
3. Musurillo, H. (Tr.), *From Glory to Glory: Tests from Gregory of Nyssa's Mystical Writings* (London: John Murray, 1962), p. 51~52.
4. Musurillo, *From Glory to Glory: Tests from Gregory of Nyssa's Mystical Writings,* p. 191.
5. Callahan, V. W. (Tr.), *The Fathers of the Church: St Gregory of Nyssa: Ascetical Works* (Washington: Catholic University of America Press, 1967), p. 129.
6. Callahan, *The Fathers of the Church: St Gregory of Nyssa: Ascetical Works,* p. 130.
7. Musurillo, *From Glory to Glory: Tests from Gregory of Nyssa's Mystical Writings,* p. 57.
8. Callahan, *The Fathers of the Church: St Gregory of Nyssa: Ascetical Works,* p. 141, 144.
9. Callahan, *The Fathers of the Church: St Gregory of Nyssa: Ascetical Works,* p.151.

延伸閱讀：

Brown, R. E. *The Gospel According to John*. Anchor Bible Commentary (New York: Doubleday, 1966).

de Satge, J., *Mary and the Christian Gospel* (London: SPCK, 1979).

第 7 章
與禱告的掙扎

馬大 MARTHA

在基督徒的信徒生命之中，最艱難的掙扎便是禱告了。我們怎樣才可以令禱告有意義？在這個充滿繁囂的世界裏，我們怎樣才可以闢出空間，保持寂靜？我們應該如何處理代禱？假如我們發覺自己的禱告沒有得到任何回應時，應該怎樣處理？我們如何知道上帝在聆聽？我們可以如何透過禱告成長？新約聖經中的馬大可以帶領我們通過重重阻礙，因為在記載中她曾親身經歷，與禱告的核心論點，苦苦掙扎。她學習了如何處理與耶穌基督的關係，學曉了怎樣聆聽。她從自己的過失中，艱難地發現到怎樣將自己的請求，帶到基督的面前。路加記載馬大的掙扎，是十分重要的；緊接著這段經文，門徒請求基督「主啊，請祢教我們如何禱告！」這正是馬大的窘境。

由於兩個原因，我們可以輕易地體會到馬大的處境：第一，她代表了一切希望跟從基督的平凡人。在她的故事裏，既沒有不平凡的遭遇，也沒有甚麼英勇的事迹；對她的描述就只是一個樸素的、家庭式的普通人，在開始與耶穌基督發展關係的同時，還要料理家中一切瑣事。她似乎需要負擔一切家務，不停地接待訪客與陌生人。她是一位實際的婦人，並不講求風度和氣派。

第二，我們能夠認同這位婦女，是因為她所遭遇的各種掙扎，也就是我們在嘗試禱告的時候，經常會碰到的情形。兩段有關於她的經文，可解釋禱告經驗的兩個主要元素：路加福音十章描述了我們稱為默思禱告的經驗，而約翰福音十一章則描寫了記念他人需要的代禱經驗。

在行動中默觀的掙扎

馬大與她的姊妹馬利亞和兄弟拉撒路在伯大尼同住，地點就在耶路撒冷城外橄欖山上的山脊邊緣，俯瞰耶路撒冷的一個小村莊；從聖城出發，沿著這條路經過猶大地的曠野，便會抵達耶利哥。耶穌就是經過這條路上聖城（路十38），途中在馬大的家歇息。路加的敍述很精簡：

> 他們走路的時候，耶穌進了一個村莊。有一個女人，名叫馬大，接他到自己家裏。他有一個妹子，名叫馬利亞，在耶穌腳前坐著聽他的道。馬大伺候的事多，心裏忙亂，就進前來，

說：「主啊，我的妹子留下我一個人伺候，你不在意麼？請吩咐他來幫助我。」耶穌回答說：「馬大！馬大！你為許多的事思慮煩擾，但是不可少的只有一件；馬利亞已經選擇那上好的福分，是不能奪去的。（路十38～42）

路加將兩姊妹的不同性格，描寫得淋漓盡致。馬利亞曉得不發一言坐在耶穌的腳旁，留心聆聽祂的教訓；這是對默想禱告最有力的描寫：一切活動都停止下來，四周寂靜；馬利亞全神貫注、精神集中、潛心領受。另一方面，馬大卻被形容為「心裏忙亂」——希臘原文表達了三心兩意、不能集中的意思。馬大令人感到她忙作一團，被瑣碎的事務不停困擾，並為自己製造了相當的壓力。她在忙亂地平衡各種不同的責任，連對自己的期望也充滿著不必要的競爭。

馬大第一項挑戰，就是要重新安排主次的秩序，簡化自己的生活，需要時把事情交別人處理，並在她的勞碌之中，尋找到心底的寧靜。基督就在這一刻，堅定地告訴她：能夠坐在耶穌的腳旁，聽取祂的教訓，便是最重要的事情，其他所有的雜務，都可以押後。馬利亞就選擇了這「上好的福分」。馬大忘記了經上記著說：「人活著不是單靠食物，乃是靠耶和華口裏所出的一切話。」（申八3）基督的說話正好印證了約翰福音的記載：「不要為那必壞的食物勞力，要為那存到永生的食物勞力，就是人子要賜給你們的。」(約六27) 基督能夠為馬大提供的，是靈命上的孕育，遠比一頓轉瞬即逝的晚飯來得重要。這就是馬大的首項挑戰：她必須在自己的生命中整理出一套新的秩序，學習騰出時間和空間，靜心禱告——只是聆聽。

但是馬大必須面對的第二項挑戰，意義更加深遠。她要令自己學習「行動中的默觀」，就是在自己的一切責任之中，要以不斷的禱告，美化和聖化日常生活中的每一個細節，灌注入自己的一切責任之中。馬大的工作，到底是生命之中不可少的，而「事奉」工作，亦在同一層面進行。我們怎樣才可以將正確的價值和意義，注入這些工作之中呢？馬大與馬利亞的故事，向來都有不同的詮釋，我們得到的印象就是馬利亞選擇了真正屬靈的事，而馬大卻只知道掛慮著日常瑣事。故事的演繹，令我們覺得馬利亞層次高一點兒，馬大卻落得俗套了。

上帝道成肉身，以基督的位格告訴我們，一切奉獻給上帝的事工，都是聖化的。由於上帝徹底地分享了我們人類的生命，將祂神的位格與人的在世結連在一起，從而徹底聖化了人類的一切活動。上帝變成了血肉之軀，在木匠的工作坊裏勤懇地工作，經歷了長時間的粗重工夫，這麼一來，祂便將人類的一切活動，收納在神聖恩典的殿堂之中。在第二世紀的時期，教會逐漸明白這項真理。愛任紐 (Irenaeus) 率先明瞭到上帝透過基督經歷了人生各個階段，並將其逐一聖化。上帝不單止親自體會人類的勞動，他更令到辛勤的工作，充滿著神聖的光輝。

上帝道成肉身，從此廢除和摧毀了神聖和世俗之間、屬靈和物質之間的鴻溝。生命從此不再被分為「屬靈」和「屬世」兩個層次，基督橫跨了這兩個層面，並且向我們宣稱禱告比工作更加重要。沒有人比自己的鄰舍更加神聖，因為上帝珍視一切人類的生命。如果我們願意向上帝委身，我們一切的行為都能夠成為上帝的見證。耶穌在拿撒勒的故事，令我們清楚地理解到，上帝的工作空間，正是祂的家園。

因為這個原因，基督自然能夠在人類的世界之中，尋找到神聖的領域。祂所述說的比喻，通常展現了深邃的神聖觀點。一切的事物，不論是農務、商業、甚至是家庭生活，都能夠彰顯天國的隱祕真理。在田間的農夫身上、父子的親情之間、甚至在銀主的債務糾葛之中、瞥見了基督，找到上帝的國度。事實上，耶穌在開展祂的宣教事工時，向世人宣稱上帝的國度、神聖的統治，並非在高不可攀的天堂，亦不在遙遠的烏托邦。天國「就在眼前」、「在你們當中」。我們不需要到處搜尋，因為我們身邊的一切，就是上帝國度的奧祕。只要我們能夠理解這個世界，以及人類的生命是神聖的，我們才可以以嶄新的角度，考慮馬大的任務，以及我們自己的責任。馬大和我們一樣，能夠發現我們的行動並不一定與禱告背道而馳；反之而言，辛勤的營役可以和靜坐在耶穌的腳旁，同樣是禱告的方式。

馬大掙扎著去理解這個角度，她不僅邀請我們騰出適當的時間和空間，達致平靜，她更號召我們和她一起，探討在行動之中尋得靜思的奧祕——在工作的地方尋找上帝、在日常瑣事之中與上帝相通、並在每天生命的比喻之中，讀取天國的表徵。我們的人際關係，將成為屬靈生命的原材料。解放神學的著名學者卡撒達列加(Casaldaliga)和維吉爾(Vigil)論述：

> 我們需要閱讀兩部著作：聖經和「生命」……我們固然需要將自己代入聖經之中，但同時亦必須理解我們的周圍環境。我們在一方面要聆聽福音，在另一方面卻必須注意人們的呼號。[1]

保羅在他最早的書信之中，清楚地指出：「要常常喜樂，不住的禱告，凡事謝恩；因為這是上帝在基督耶穌裏向你們所定的旨意。」(帖前五16～18)

這種靜思的生活方式，可以幫助我們探索上帝隨時臨在我們當中的奧祕。路得能夠放開懷抱將目前的一刻視為聖事，而聖加爾默羅修會會士則無時無刻都感受到上帝的臨在。馬大促使我們更進一步，不但將禱告的精神灌注在所有的事務之中，還要在每日的辛勞、繁囂、俗垢裏尋找上帝。要這樣做，我們必須脱離一切「宗教意識」，孕育一種特別的感知度和警覺性，令我們能夠自然、坦誠地面對隨時隨地都願意等待我們的上帝。馬大呼喚我們與她一起尋求一種實在的聖化生活，這種生活也曾被稱為「模糊的神祕主義」。[2]

與代禱的掙扎

當我們閱讀約翰福音十一章，清晰地記載馬大的故事，我們可以從她強烈的掙扎中，汲取教訓，學習代禱。我們可以發現，馬大邀請我們重新考慮這種禱告方式，建立勇氣以面對通常避而不談的難題。我們在為他人禱告的時候，到底在做甚麼事情？我們應該有些甚麼期望？在禱告看來並未獲得回應的時候，我們應該怎樣處理自己的情緒？我們到底應該如何應付代禱？

聖經的章節開始時描寫了馬大向耶穌送上迫切的要求：「主啊，你所愛的人病了。」我們能夠理解，馬大在提出要求的時候，多麼盼望耶穌會放下眼前的一切事務，馬上探訪他們，並治療她的兄弟。馬大只看見目前的困境，她的兄弟病了，治病便成了她所理解的惟一應對方法。她稱呼耶穌為「主」，但她似乎對應該發生的事情，並未採取開明的態度。她期待著、亦滿心認為應該得到奇迹性的醫治。

當事情並未如她所願，她感到受傷害和混亂一片。耶穌有意地拖延前往伯大尼的旅程，馬大面對了痛苦的等待。諾域治的茱利安 (Julian of Norwich) 曾經寫道：「有時候我們在自己的思維之中，覺得禱告了一段十分長的時間，但還是未能得到所願所求。我們並不應該因此而氣餒，因為我可以肯定地告訴你們，我們的上主一定會按照自己的意願，或許是要我們等待更佳的時機、更豐盛的恩典、更圓滿的賞賜。」[3]事實上，耶穌受仁愛的驅使，為我們準備了更加圓滿的賞賜：「耶穌素來愛馬大和他妹子並拉撒路。聽見拉撒路病了。就在所居之地仍住了兩天。」(約十一5～6) 從馬大的觀點看來，耶穌不是冷淡無情，便是毫無效率；她不能理解耶穌為甚麼不馬上趕來幫助她。拉撒路死了，被安放在墳墓之中，馬大不再差人送信息給耶穌，要求祂前來了。對她來說，事情一敗塗地，變成一場災難，這就是結局了。

當我們為其他人代禱的時候，我們其實在做些甚麼事情呢？我們是否希望提醒上帝，不要忘卻了祂應有的行為？我們是否勸告大能之君，指點祂應該怎樣做？我們是否認為祂忽略了某些處境，而忙於告訴祂事情的細節？馬大的經驗點題指出了代禱的四項要點，令我們對新的可能性，大開眼界。

代禱將我們釋放到榮耀之中

耶穌對馬大禱告的反應，十分肯定：「這病不至於死，乃是為神的榮耀，叫上帝的兒子因此得榮耀。」(約十一4) 在拉撒路的墳墓外面，耶穌再一次對馬大說：「我不是對你說過，你若信，就必看見上帝的榮耀嗎？」(約十一40) 約翰對於「榮耀」採取甚麼觀點？是否神聖臨格時，那一環向外放射、肉眼能見的光彩，以表明上帝正在彰顯大能？約翰向我們介紹了這個重要的主題：「道成了肉身，住在我們中間，充充滿滿地有恩典有真理。我們也見過他的榮光，正是父獨生子的榮光。」(約一14) 榮耀如何能夠顯明呢？上帝的榮耀可透過在迦拿行的神蹟 (約二11) 這類變化的「象徵」表達出來。但在十字架上顯明的榮耀，既矛盾、亦極端。在新約聖經其他部分都描述了耶穌首先受苦，然後在復活和升天中獲得榮耀 (路二十四26；來二9)，只有約翰福音認為耶穌的十架受死，乃是祂榮耀的巔峯。在這第四本福音書內，基督論及自己的受難：「人子得榮耀的時候到了。」(約十二23，另參七39，十三31，十七1～5) 耶穌在趨近死亡的時候，並不覺得這是一項必須忍受的災難，而是祂必須擁抱的榮耀，因為十字架正是拯救世界的時刻。從十字架流出的，是寬恕和希望——這是上帝彰顯的最偉大時刻，亦是祂臨格人間最赤裸的見證。

馬大應邀作的禱告，其實並非要治癒兄弟，而是要求上帝彰顯榮耀。我們是否與她一樣，小覷了代禱的盼望，只懂得希望保持或改善目前的環境，而未能夠理解我們其實可以要求上帝彰顯祂的榮耀？馬大要求拉撒路的疾病得到醫治，她所得到的，卻是基督戰勝死亡，令拉撒路自墳墓中走出來的駭人異象。約翰認為拉撒路的復活，是基督十架受死的先兆和伏筆，而馬大接受的，正是基督的救恩。由於拉撒路的復活，猶太人便密議如何將耶穌置於死地(約十一45～53，另參十二9～11)。

馬大要放棄她狹隘和短淺的期望，容許基督以祂的榮耀，為她帶來超乎一切想像和期望的驚喜。正如以弗所書指出：「上帝能照著運行在我們心裏的大力充充足足地成就一切，超過我們所求所想的。但願他在教會中，並在基督耶穌裏，得著榮耀，直到世世代代，永永遠遠。阿們。」(弗三20、21) 我們和馬大一樣，需要學習在代禱之中放棄小器的思維。我們要開明地接受，基督的榮耀是會在無時無刻、無處不在、透過我們最想像不到的人物和地點，彰顯出來。

代禱帶領我們的信仰更上層樓

當馬大見到耶穌的時候，她馬上向祂埋怨：「主啊，你若早在這裏，我兄弟必不死。」她將等待耶穌四天以來聚積在心裏的負面感情、失望和憤怒，統統發洩出來。即使這樣，她仍保留著對耶穌行神蹟的信心，並說：「就是現在，我也知道，你無論向神求甚麼，神也必賜給你。」(約十一22) 當耶穌答應拉撒路會復活時，她亦承認了自己對末日復活的信念。她的希望，寄託在遙不可及的事情上——這是猶太人傳統的信念。耶穌要她改變這些信念，並說：「復活在我，生命也在我。信我的人雖然死了，也必復活，凡活著信我的人必永遠不死。」(約十一25) 在這話語之中，耶穌將馬大所表達的傳統觀念，全然推翻。在宣稱末世思想、「來世生命」的事情，在今天、在眼前，已經闖進了信徒的生命之時，祂將馬大寄望遙遠將來的習慣，徹底粉碎了。祂膽敢吩咐馬大自承傳信念的桎梏中掙脫出來，向這新發現的啟示，邁出突破性的跨越，並說：「你信這話嗎？」馬大蒙召冒險信靠耶穌，祂在當年與今天一樣，為我們開創著新時代。馬大促使我們以同樣開懷的心態，為他人代禱。讓我們不要把上帝禁錮在自己承傳的狹隘概念之內，不要以我們貧瘠不足的盼望，局限著祂的大能。讓我們壯著膽子，全然地信靠祂，讓祂帶領我們接受新的遠象。

代禱令我們發現上帝與我們一同潸然淚下

馬大希望耶穌迫切地以訪客和行奇迹者的身分，造訪伯大尼。她希望耶穌親自來到一個處境，行使所需的能力，然後返回祂在其他地方的宣教事工。她再次驚訝地發現了一個不同的耶穌——祂是一位願意分享她深心苦楚的上主。約翰告訴我們，耶穌特意在村莊外止步，希望與兩姊妹會面（約十一28～37）。祂希望能夠與她們單獨會面，安撫她們的哀傷：看見她們流淚，耶穌便「心裏悲歎，又甚憂愁」（約十一33）。希臘原文描述耶穌經歷了內在的呻吟。約翰繼而痛切地描寫：「耶穌哭了。」（約十一35）來到墳墓前面，「耶穌又心裏悲歎」（約十一38）。耶穌安撫馬大的方法，是她始料不及的。祂並非如馬大想像般，造訪、治療、離開。祂來到姊妹跟前，感受著她們的哀慟和困惑，在關愛中環抱著她們。

以希伯來書的觀點看來，耶穌從今直到永遠，都會從祂在天庭的位置，繼續憐恤的事工：「因我們的大祭司並非不能體恤我們的軟弱。」（來四15）事實上，在天的耶穌被描繪成一位體恤民情的倡導者，祂「長遠活著，替他們祈求」（來七25）。基督與一切流淚的眾民，築起了不可磨滅、休戚相關的結連，繼續分擔我們的淚水。這就是代禱的一項基本要素——當我們與祂分擔我們的處境、邀祂前來之時，我們容許祂投入我們的痛苦和困惑。這做法需要我們暴露自己的弱點和易損性。馬大要撇下帶操控性質的禱告（「主啊，你所愛的人病了——你來幫他一把吧！」），而轉用接受性質的禱告，容許耶穌與她同在、同哭。希伯來書認為，我們應該將自己遲疑的禱告，與基督大祭司的連綿禱告，聯成一起。約翰亦從十七章中辨識了基督「祭司性」的恒常禱告，永遠地「不但為這些人祈求，也為那些因他們的話信我的人祈求」(約十七20)。

代禱邀請我們向上帝降服

馬大在伯大尼的經歷，令我們重新認識代禱。在這一種禱告之中，我們並非要勸服上帝，反而應該向祂降服，將我們的盼望和夢想、為他人所作的最佳設想，都交託在祂手裏。最重要的是，我們在代禱時，得到機會將自己獻上，讓上帝掌管我們的生命，並作好準備，以自己的生命作為基督的肢體，按照上帝的吩咐而行。我們也許會發現，當我們開始聆聽和考慮自己目前責任所在的時候，已經成為禱告的部分應允。我們也許會察覺，自己可以為目前的環境作出正面的努力，發現自己在於接受代禱的人來說，成為了上帝仁愛的器皿。只有我們甘願順服，上帝才可以充分利用我們的生命，令基督的肢體能夠為世人帶來鼓勵和支持。

假如我們要問：「如何能夠令禱告奏效？」我們首先要明白，改變應從自己開始。上帝透過代禱邀請我們改變觀點，開放地接受新的概念；祂亦邀請我們對榮耀寄存盼望，而並非只看見疾病與災難。我們與馬大一樣，可以用新的態度理解自己應作的事情。我們可以見到，馬大經歷了一連串的重大改變。開始的時候，她為拉撒路感到憂心忡忡（約十一3），我們可以在她的禱告之中，察覺到她的絕望。痛苦地捱過了兄弟的去世和四天的等待，馬大充滿著投訴，摻雜著苦澀和悔恨：「主啊，你若早在這裏……」（約十一20）。但耶穌帶領她發現了新的信仰層面和領會；她掙脫了失望，尋著了新的信心：「主啊，是的，我信你……」（約十一27）。

在馬大的身上，發生了一件美麗的事情。一種新的安靜，臨到她的身上：「馬大……就回去暗暗地叫他妹子馬利亞，說：『夫子來了，叫你。』」（約十一28）在寂靜和隱祕之中，她在呼喚她的妹子馬利亞時，經歷到一種新的平安和盼望。馬大再不會「為許多的事思慮煩擾」（路十41），她正處於蛻變之中。她仍然那麼實事求是，在墳墓前向耶穌說：「主啊，他現在必是臭了，因為他死了已經四天了」（約十一39），但她再也沒有以前那種紛亂不安的情緒。她欣喜地擁抱著兄弟。約翰描寫她為十二門徒設宴，他只輕描淡寫地記載：「馬大伺候」（約十二2）。她再不會因「伺候的事多，心裏忙亂」（路十40）。她顯露出一種新得著的恬靜、平和，在願意事奉當中保留著恆久的禱告狀態。這兩頓飯的對比，再明顯不過了——她從路加福音十章所描寫的受壓、焦慮，轉化成平靜和堅定。

代禱的經驗促使了這個變化。她讓基督改塑她的態度和觀點，亦讓祂透過代禱，徹底將她的概念重新組合。

馬大因代禱的掙扎教導我們，這一種禱告並非要我們帶齊所有盼望，在天庭求個不止，反而是號召我們，將自己重新向上帝委身，讓祂運用我們，開展聖工。恩德曉(Evelyn Underhill)指出：「真正的代禱並不止於求告，而是一項事工，我們必須鄭重地向上帝自我委身，讓祂運用我們，施展祂拯救世人靈魂的事工。」[4]

反思和討論問題

1. 在繁忙的現代生活中，我們怎樣可以闢出禱告的綠洲？
2. 你對在行動中保持禱告的心，有何經驗？
3. 你對代禱有何理解？
4. 馬大的經驗，有否和你相近之處、令你產生共鳴？

禱告練習(可選以下形式)

範本一：

以充滿禱告的精神，反思過去的一天，試問自己有否以「沉思中的行動」處理日常事情。

範本二：

以降服的精神將你的代禱事項和關注，交託在上帝的手中。你可象徵性地將事項逐一寫下，並將紙條放在十架面前。在禱告中祈求每件事情都能夠彰顯上帝的榮耀。在寂靜中思想，聆聽上帝是否吩咐你改變你的態度，或是召喚你要為代禱的事項作出行動。用聖德蘭（St Teresa）下列的禱告作結：

> 基督在世並沒有身體，有的，是我們的身體；
> 基督在世並沒有手，有的，是我們的手；
> 基督在世並沒有腳，有的，是我們的腳；
> 基督透過我們的眼睛，以憐恤看著這個世界，
> 基督以我們的腳蹤，施展著善行，
> 基督以我們的雙手，祝福著天下的萬民。

註釋：

1. Casaldaliga, P. and Vigil, J. M., *The Spirituality of Liberation* (Tunbridge Wells: Burns & Oates, 1994), p. 107.
2. Matthews, M., *Rediscovering Holiness* (London: SPCK, 1996), p. 95.
3. Colledge, E. and Walsh, J. (Trs.), *Julian of Norwich: Showings* (New York: Paulist Press, 1978), p. 251.
4. Underhill, E., *Life as Prayer (Collected Papers)* (London: Mowbray, 1946), p.59.

延伸閱讀：

Ward, J. N., *The Use of Praying* (London: Epworth Press, 1979).

第 8 章
與接納的掙扎
西門・彼得SIMON PETER

在現今世代之中，人們能夠普遍認識的掙扎，就是自我接納、受人接納和被上帝接納的掙扎了。耶穌教誨我們要愛人如己(可十二31)。然而，許多人因為難以自愛，故此無法理解上帝對我們無條件的愛，是何等長闊高深。我們必須克服重重障礙達致自愛，從而理解上帝博愛的真實性。

我們受著過往經歷的影響，除非在孩提時代已經覺得自己配受無條件的愛，否則到長大的時候，便會感到很難接受自己值得這樣的愛。如果我們因為做了某些事情，所以才感受到別人的愛護，我們可能一直堅持懷疑自己的價值。家長如果對子女期望過高，他們可能在不知不覺之中令孩子覺得只有在他乖巧和順從的時候，他們才被愛。別人的接受，成為了品行良好的獎賞。

我們亦受到現代文化的期望所影響。我們生活的社會，往往令人感到非人性化。我們只是一台大機器之中的一顆小齒輪，而並非一個有血有肉、有個性、有需要的個體。我們所身處的社會，競爭日益增加，作為一個成年人，我們隨時隨地都索求別人對自己的接納，不斷地爭取別人對自己的好印象，不斷地問自己「我是否處於優勢」。這一類的行徑，令我們質疑自己真正的價值。我們總覺得愛是需要賺取的、是應該配受的、而並非一件禮物。在我們工作的環境中，產生著沉重的壓力，我們需要不斷地完成任務，每每希望人家刮目相看。我們面對的誘惑，就是不斷地將自己與別人相比，不斷地估計自己在財富和才學上，是否高人一等。威勢迫人的廣告世界鼓勵我們要不斷開創新的標準，並暗示我們希望受人歡迎，便必須擁有良好的外貌、入時的衣著、得體的居所。我們的知覺和意識，都不斷地受到各種詭計多端的伎倆蒙騙，因此欺騙自己，要得到幸福便必須達到別人對自己的期望。我們為了得到別人對自己的尊重，開始戴上各種各樣的面具。

但真正的喜樂，只能在上帝無條件的愛裏尋找得到，因為祂珍愛我們真正的自我。新約聖經裏西門彼得的例子，便是對我們的鼓勵。彼得的部分問題就是，對基督無條件的愛感到難以理解和接受。他與接受的掙扎，在福音記載的初期、耶穌抵達加利利海邊的時候，便顯現出來（路五章）。耶穌在呼召門徒。祂並不像其他拉比一樣，挑選一些與自己思想言論相近的學生，反而去找尋漁夫、稅吏和其他被認為是「罪人」的壞分子(路五31)。祂並沒有挑選一些「正義」的人，而吸納了自問需要上帝的平凡人，並準備歡迎一切開敞心門的人。就是這樣，祂向西門彼得這一個人物，投注了關顧。西門彼得經過了整晚的勞碌，漁獲並不理想，他在又累又懊惱時，聽見了耶穌的呼召：「把船開到水深之處，下網打魚。」(路五4)祂勸告彼得要離開水淺安全的地方，從這地方看似能得收穫，其實卻不然。彼得卻提出抗議：「我們整夜勞力，並沒有打著甚麼！」但是耶穌正是要將他從毫無收穫的黑夜，呼召到新的一天。門徒網到的大量魚獲不但險些把網擠裂開，魚把船裝滿了，幾乎要沉下去！彼得對這個意外的恩賜和奇迹的反應是甚麼？他馬上俯伏在耶穌膝前，說：「主啊！離開我，我是個罪人！」他相信自己並不足取，不堪接受基督在他面前施展大能。他感覺到自己的局限，不能自拔：「我只不過是一個罪人——何須為我操心？」他只不過是一個漁夫，基督不是真的要和他這種人交往吧？他懇求耶穌遠離他。在他的反應當中，彼得顯露了深層的不安和不足。他不能想像到自己會配受基督的關懷。在耶穌的面前，他感到自己徹底地微不足道。事實上，他在自己的家裏目睹了耶穌治病的能力(路四38)，並開始將自己與耶穌相比。

耶穌要找尋的，正是西門彼得。基督已預料到他的潛質；祂鍾愛並悅納彼得，邀請他驅除恐懼：「不要怕。」

(路五10) 到底威脅著彼得的，是怎樣的一種恐懼？大概因為彼得害怕遭到拒絕：他可能覺得耶穌會發覺自己的底細，而不願意與他有任何瓜葛！或者彼得懷著另外一種困擾：他害怕要丟棄自己熟悉的世界和處事方法。在他自己的天地裏，他操縱著家庭和事業上的一切決策。這是他在其他人面前，證明自己多麼有為的方法。耶穌是召他離開這個順境嗎？我們一旦放棄自我保護的技巧，便會跟路得一樣，將自己的弱點顯露出來。我們要注意，當彼得說「我是個罪人」時，耶穌的回應是「不要怕」。也許耶穌的意思是「不要懼怕你的過犯。現在不用擔心。不要因為你認識自己的弱點，而感到受箝制。我們可以稍後才處理這個問題。」耶穌尋覓的，並不是完美主義——祂希望尋找的，是盼望成長的人。

明顯地，彼得對耶穌這個充滿恩寵的舉動，受到深深的打動。他確實不知道如何回應是好，因為這一切實在太美滿了。耶穌還有另外一項恩寵賜給他，就是一份新的使命：「從今以後，你要得人了。」(路五10) 耶穌將一個新的方向灌注到他的生命之中：他要將其他人帶領到天國。彼得鼓起勇氣，跟從耶穌邁向未來。

發現無條件的愛

耶穌呼召西門彼得踏上的征途，是叫他經歷無條件的愛的旅程——這一種愛，沒有「如果」，也沒有「但是」；

這一種愛，並沒有任何附帶條件。聖經將這種愛，用「恩典」的形式表達出來，那是全然沒有代價的、並非賺取的。在舊約聖經之中，希伯來語“*hesed*”可翻譯成為「仁愛」或「慈愛」（參看詩八十九，一〇六篇），反映了上帝心中的盼望和痛楚，祂對我們每一個人的眷顧。先知可以見證：以賽亞告訴我們上帝的話語：

> 婦人焉能忘記他吃奶的嬰孩，不憐恤他所生的兒子？
> 即或有忘記的，我卻不忘記你。
> 看哪，我將你銘刻在我掌上。（賽四十九15～16）

何西阿則將以色列描寫為一個孩子，並寫道：

> 我原教導以法蓮行走，用膀臂抱著他們，
> ……我用慈繩愛索牽引他們。（何十一3～4）

上帝心中的盼望，就是基督教導的重心。上帝的愛不斷尋找我們，好像牧羊人尋找迷失了的羊一樣（路十五3～7）。浪子的比喻歌頌了上帝對我們的想念：「（兒子）相離還遠，他父親看見，就動了慈心，跑去抱著他的頸項，連連與他親嘴。」這個故事亦歌頌了上帝賦予我們每一個人的尊嚴：「把那上好的袍子快拿出來給他

穿；把戒指戴在他指頭上；把鞋穿在他腳上。」(路十五20～22) 正如保羅指出：「上帝從創立世界以前，在基督裏揀選了我們……又因愛我們，預定我們藉著耶穌基督得兒子的名分。」(弗一4～5) 西門彼得在海邊受耶穌呼召的時候，邂逅的就是這種愛。

在加利利海邊，彼得開始發現基督的愛，包含了一種轉化性的力量，呼召他超越自己的局限，邁進成長的道路。他學習到基督不但接受他的本相，更希望能夠帶領他奔向個人轉變和發展的康莊大道。

彼得在馬太福音十四章中離開小船在水上走向耶穌的景象，是基督呼召我們成長的有力證據。彼得挑戰耶穌邀請他爬出小船，進入海裏，在他心裏確實非常願意成長：「主，如果是你，請叫我從水面上走到你那裏去。」(太十四28) 耶穌回應：「你來吧。」祂邀請彼得離開象徵著個人安危、生活模式、操縱命運的小船，並要他邁步踏進海裏，這明顯是一件瘋狂和危險的事！在這裏，彼得顯露了深層的掙扎，他希望投身摸索，但是應該憑信仰躍進未知的將來，還是應該審慎從事？他會將目光投在耶穌的身上，還是洶湧的波濤之上？馬太告訴我們：「只因見風甚大，就害怕，將要沉下去，便喊著說：『主啊，救我！』」故事戲劇性地繼續下去：「耶穌趕緊伸手拉住他。」(太十四31) 我們可以從這個故事看到，彼得在新得著的成長和信任，和他在恐懼中沉進海裏的鮮明對比。耶穌伸手拉他的畫面，再一次顯示了基督希望帶領我們進入毫無先例、完全信靠的領域。我們和彼得一樣，覺得自己在完全接受基督和作為一個「小信的人」之間，猶豫不決、爭持不下。要爬出安全的小船，冒險拉著基督伸出的手，讓祂帶領我們經歷成長與改變，確實需要堅定的決心。

稍後在該撒利亞腓立比時，西門宣認了他對耶穌的信念，他得到的，是連作夢也意料不到的確認：「西門巴約拿，……我還告訴你，你是彼得，我要把我的教會建造在這磐石上；陰間的權柄不能勝過他。」(太十六18) 耶穌看透了像浮沙一般的西門彼得，發掘出他能成為教會磐石和信徒領袖的潛質。祂體會到彼得的特質，和他日後必須肩負發展教會的使命。

從耶穌在彼得身上貫注的愛護和信任看來，我們便能夠理解基督對我們每一個人的期望。祂見到的並不是「只是另一個罪人」，而是祂獨特的創造。包約翰 (John Powell) 告訴我們：

> 上帝的聖道向我們保證：
> ……當然，我可以把你造成別的樣子：身材、
> 父母、成長環境、文化背景、天賦恩賜等等。
> 但我不想要你成為另外一個樣子，我所愛的，
> 就是這個樣子的你！[1]

耶穌無條件地接受彼得。祂願意面對彼得的過失和弱點、衝動的感情和不穩定的性格。耶穌願意接納和欣賞彼得獨特的性格：祂允許彼得保留他的自我。在奇妙的改變形像的神蹟中，彼得吶吶地說出了要搭起三座棚的念頭──「彼得不知道說甚麼才好」(可九6)，他並未遭受到責難。耶穌知道彼得感到困惑和混亂，正在掙扎著希望了解眼前所見的境況。在客西馬尼園，正當基督最需要他支持的時候，彼得卻墮入睡夢之中，基督再次耐心地接納他。祂明白到彼得的難處：「心靈固然願意，肉體卻軟弱了」(可十四38)。

在最後晚餐的過程之中，我們能夠體會基督無條件的愛如何令彼得無法接受，產生了戲劇性的內心掙扎。耶穌能夠愛彼得，但彼得能否愛自己呢？他能夠真正接受基督的愛嗎？耶穌將水倒進盤子中，要為門徒洗淨他們的腳。這一個舉動是祂的愛的有力證明，充分地表達了耶穌愛護門徒的程度，令祂願意彎下身子，清洗帶著塵埃和氣味的雙足。「耶穌挨到西門彼得，彼得對他說：『主啊，你洗我的腳嗎？』耶穌回答說：『我所做的，你如今不知道，後來必明白。』」(約十三6～7)彼得退縮了：「你永不可洗我的腳！」是甚麼令彼得拒絕基督表達的愛？是因為他驕傲嗎？還是他覺得難以完全處於被動位置，難以只是白白地接受恩典？他衝動地回應：「主啊，不但我的腳，連手和頭也要洗」。看來就像他企圖掩飾自己無法接受基督無條件的愛。

要能夠接受浩大的恩典，我們首先需要理解自己的需要，而且面對自己若欠缺了這些恩典，生命就不能達致圓滿的事實。彼得不願意接受基督為他洗腳，象徵著我們不斷掙扎，以求接受上帝的愛。正當我們極力希望自己能夠處理一切問題、自給自足的同時，我們知道自己的內心有一個空洞的無底深潭：這正是我們需要上帝的基本意念。我們在上帝面前畏縮，因為我們害怕祂的愛會促使我們改變自己。我們應該要學彼得一樣，在基督面前卸下武裝，因為只有在破碎的心和真正的謙虛之中，我們才可以開始領略到上帝的仁愛。我們需要被帶到徹底無助的境地，才會坦白地承認自己靈性上的渴慕，從而開始在基督之內找到活水泉源(參看約七37)。大德蘭教導我們，認識自我是絕對的基本要素：「經基督寶血所贖回的靈魂啊！你們要學習認識自己！」[2]

探索醫治和添力的愛

耶穌不斷地希望彼得挑戰狹隘的思想，而將他帶領到更深層的真理。祂敦促彼得擴闊思維的領域。彼得對於彌賽亞也需要受苦這一點，特別感到有困難，覺得難以接受。耶穌得告訴他：「彼得，你只從人的角度考慮問題，卻忽略了上帝的觀點！」(參看可八33) 他對基督必須經歷十架，才能踏上得勝之道的事實，接受得特別緩慢。在耶穌被捕之時，彼得將大祭司僕人的耳朵削了下來；耶穌還要教訓他：「收刀入鞘吧，我父所給我的那杯，我豈可不喝呢？」(約十八11) 耶穌鄭重地告訴彼得：「但我已經為你祈求，叫你不至於失了信心，你回頭以後，要堅固你的弟兄。」(路二十二32) 彼得答應著自己如何願意與基督同作階下囚，甚至願意為祂犧牲，但就在數小時之內，他卻三次不承認基督。在大祭司府邸的花園中，耶穌在衞兵的監視下轉頭將目光投向躲藏在僕人羣中的彼得。這是充滿著痛心的愛和熾熱憐恤的一瞥。彼得離開了府邸，出去痛哭 (路二十二61、62)。假如這是彼得最失敗的時刻，這時刻亦是他生命的轉捩點，他最後都開始理解基督對他的愛，是一份犧牲的愛。他最終都明白到基督對他的愛的真正特質，並在耳邊響起了：「人為朋友捨命，人的愛心沒有比這個大的。」(約十五13) 彼得受得起嗎？耶穌決定擁抱十架的事實，證明我們所有人都配受得起。

基督對彼得和對我們的愛，是醫治的愛，令我們遭到拒絕和承受失敗後，可以復元過來。復活的基督在海邊顯現，這是祂呼召彼得的地方；祂問道：「你愛我嗎？」(約二十一15) 再三的詢問令彼得再獲三次機會宣稱他愛主，以償還三次不認主的創痛。耶穌將一場災難化為醫治，將出賣化為成長的機會，並將教會培育的新責任，委託給彼得。祂邀請彼得與祂同行，奔向新的未來，再次重複當日的呼召：「你跟從我吧！」(約二十一19) 這明顯地將內心療創與門徒的身分建立了不可磨滅的關係。

在尋求醫治之中，我們亦等同於探索如何成為上帝所喜悅的人。許多教會的治療事工都能幫助我們在復活的基督面前，暴露自己的創傷，和表達我們渴慕祂的完整。我們需要邁出第一步，找出可信賴和可以與我們一起禱告的朋友，令我們亦經歷到彼得的際遇：基督溫婉地詢問我們心中所期盼的事情，以接受祂的原宥、通過按手的治療與及接納新使命的委託，而達致嶄新的確認。彼得的事例促使我們不要迴避這種遭遇，反而應該歡迎這些機會。我們或許發覺自己不斷尋求「記憶上的醫治」，將自己過往所經歷過最痛心、最感到遭人拒絕的傷痕帶到基督跟前。這些痛苦的心結，如果未能適當地剖析或處理，便會在我們的心中潰敗，日積月累後便會禍及和毒害我們的處事態度，逐漸成為自我接納的障礙。我們甚至會因此而心懷莫須有的羞愧。基督既能接受彼得，可見得世上沒有甚麼事情可以阻撓基督將祂潔淨的、富生命力及安撫的恩典賜給我們。

但是基督與彼得的交往還未完結。這只不過是事情的開端而已。彼得掙扎著嘗試接受醫治的經驗和受到更新的愛，但是還有更大的權力賦予等待著他。在五旬節期間聖靈降臨，彼得繼續得到醫治及蛻變。聖靈將力量灌注在他身上，改變了他內裏的破碎和怯懦。

由於受到聖靈充滿，他居然可以在大羣慕道信眾之中，宣講著基督的復活（徒二14），並能在曾將基督入罪的公會面前，挺身衞道。經文敍述：「他們見彼得、約翰的膽量，又看出他們原是沒有學問的小民，就希奇，認明他們是跟過耶穌的。」（徒四13）彼得從此便逐步放下各種自保的行為，容許基督的靈駕馭他的言行。他向其他人宣稱他發現到：「因為這應許是給你們和你們的兒女，並一切在遠方的人，就是主我們上帝所召來的。」（徒二39）

無條件接受他人

彼得再次碰上掙扎。他漸漸學習到基督的愛遍及猶太人與異邦人，既無分彼此，更不含先決條件。復活的基督容忍他，並耐心地將一套高瞻遠矚的遠象授予他，以拓闊他的胸襟（徒十章）。彼得逐漸理解這個新的信仰，實應惠及眾生，並無例外。然而，彼得仍然容許自己與一羣猶太籍的基督徒認同，他們堅持異邦新葡必須行割禮才算得上是真正的信徒，彼得亦曾經與他們打上關係，可見彼得仍未充分理解到基督的愛是何等激進和革新，甚至傾覆了摩西的律法。保羅曾經大力抨擊彼得，認為他將不必要的重擔，加諸異邦信眾身上：「後來，磯法到了安提阿，因他有可責之處，我就當面抵擋他。」（加二11）彼得掙扎著體會基督所指無條件的愛之含義，並覺得匪夷所思、難以接受。最後，他領悟到基督並不要求異邦信徒硬性執行猶太宗教禮儀，以作為基督羣體的入門條件。基督呼召彼得以不帶論斷性的博愛，去接近並關顧各種各樣的人。保羅有云：「所以，你們要彼此接納，如同基督接納你們一樣……」(羅十五7)。假如我們能夠在基督的愛中放棄堅持己見，我們將能夠改變對他人的觀點，因為我們需要學習和認識他們每一個人都有自己獨特及尊貴之處，並為上帝所深愛。

我們的自我形像

彼得的經驗激勵我們去尋找屬靈意向，能夠幫助我們掙扎著接納自己，亦能體會上帝接納我們之奇妙恩典。我們從十四世紀英國奧祕主義者諾域治的茱利安的著作發現到一個樂觀及具鼓勵性的角度，可以理解自己的形像和我們對上帝的看法。茱利安的著作，乃是歷史上的低潮期所寫的。當時國家陷於黑死病的恐慌之中，整個民族對上帝和人的觀念十分悲觀。生命既倉促和膚淺，一切皆屬過眼雲煙，無甚意義。但上帝就像一位嚴厲的法官，對人類的過失感到憤慨。茱利安得到了一連串的異象，展露了一位不同的上帝：她將這些異象稱為「神聖大愛的啟示」。她再度在福音中尋得恩典和希望。我們受到呼召，奔向一個永恆的歸宿，並在上帝中得到喜樂：「正如我們沒有窮盡一樣，在沒有開始的時候，我們已經珍藏在上帝之內，得到了祂的認定和愛護。因此祂希望我們知道，在祂所創造的萬物之中，人類是最高貴的。」[3]上帝將我們列為受造物之冠，並悅納我們：「人類的靈魂是如此的美好和珍貴，三一真神對此項創造，感到無限和永恆的欣喜。」[4]我們可以帶著笑靨端詳自己呢！我們可以在上帝灌注在我們身上的善美和尊嚴之中歡躍。茱利安堅持上帝已經賦予我們不尋常的力量，和接納上帝的奇妙容量。上帝的恩賜希望能夠充滿和完備我們的個人特式和品格。

那麼我們的失敗和過錯又怎樣呢？茱利安寫道：「祂隨時準備以動聽的說話安慰我們，並告訴我們：一切都安然無恙……祂並沒有責怪我的過犯。因此我能夠理解基督如何因為體諒我們的過犯，而憐恤我們。」[5]她透過主僕的比喻，探討了上帝和人類的關係。當僕人外出為主人辦事時，他掉進了溝渠弄傷了自己——這象徵了人類的軟弱和失敗。主人會有何反應？「我所見到的，只有痛苦才會伸張怪責和懲罰，我們和善的主會安撫和勸勉我們，因祂恆常地體諒我們的靈魂，並時常帶領我們進入祂的福佑之中。」[6]當人受各方引誘，不斷地苛待自己的時候，上帝卻採取另類的處理方式：「因為上帝採取一套觀點，人卻採取另外一套觀點。人固然在謙卑之中指責自己的過失，但是我們的上帝會伸張祂的仁愛，原諒我們。」[7]我們必須能夠像上帝接納我們一樣，接納自己，並印上慷慨和忍耐的記號：「我就是在這裏明白到上帝以憐恤體諒僕人，而並沒有譴責的成分。」[8]茱利安繼續表示：我們需要有跌倒的時候，藉此體會上帝奇妙的大愛，和扶持之聖恩。

上帝在我們心目中的形像

茱利安在反思這個比喻的時候，開始明白到在每個甘願作為僕人的基督徒身上，都帶著耶穌的印記。上帝披上肉身，並通過耶穌充分體會了我們的脆弱。道成了肉身，令我們領會到上帝能夠自內心體諒我們，祂親臨塵世帶領我們奔向天庭，在那裏，我們的羞恥都會轉化成為榮耀。「上帝亦向我表明了罪惡並不羞恥，反而是人類的榮幸，因為在這境況之中，我的理解被提升到天國的境地；在那裏我的思想邂逅了……彼得與保羅，……以及他們如何帶著自己的過犯，與人交往，並在地上的教會得到了他們的榮耀。對他們來說，帶罪並不是一件羞恥的事情，因為在天國的祝福之內，羞恥不再存在，罪惡的表徵都會變為榮耀。」[9]

茱利安鼓勵我們再度發現上帝是何等希望觸及我們的心靈，並使我們的福杯滿溢。這個信念對她來說，是一個十分重要的啟示。「我們仁慈的上主向我展示了祂的仁愛的屬靈層面，令我明白到祂對我們來說，就是一切善美和安撫的扶持。祂是我們的衣衫：用愛庇蔭、維護、環繞、擁抱我們，祂的溫柔永不會離棄我們。」[10] 茱利安為了將上帝的慈愛和憐憫向我們充分表達，她果斷地將基督的形像描寫為「母親」。她沿用了人類養育兒女的類同推理，論述基督珍愛我們如同己出，祂如何希望保護、培育和悅納我們。茱利安懇請我們棄掉上帝專橫的形像，不要把祂看作一位嚴厲的校長或是一位憤怒的法官。

> 「母親」這一個名詞是多麼的可愛、甜美、仁慈，以致我們只可以將這一個名詞賦予生命和天地萬物真正的母親⋯⋯當我們跌倒的時候，祂會慈愛地馬上將我們扶起來，以愛懷抱我們，以恩惠觸摸我們。當我們由於祂的美善工作而增添力量的時候，我們得著祂的恩寵，曉得自發性地向祂順服，使我們能夠成為恆久地服事祂的僕人，和渴慕真理的追隨者，直到永遠。[11]

茱利安提議我們需要去除我們對自己及對上帝的錯誤觀念。我們需要深層地思考上帝，更需要反省人類既得上帝的慷慨和恩賜，我們應該如何回應。如果上帝對我們「以禮相待」，我們便應該以同等的尊重和忍耐，對待自己以及其他人。我們需要對自己溫柔，記得上帝的恩典重視我們的個性和個人。我們要做回自己，因為上帝令我們可以長進，成為祂悅納的人，而聖靈亦會深愛和驅策我們。

反思和討論問題

1. 你曾否經歷和彼得一樣的掙扎？
2. 你對上帝的概念和對自己形像的觀感，從何而來？是甚麼影響著你在這些方面的看法？你認為自己的概念有修改的必要嗎？
3. 在今天的社會中，有甚麼能夠令人自我形像受損？你認為有方法重拾自信嗎？
4. 你會對某一類人感到難以接受嗎？彼得的經歷可以如何幫助我們克服自己對別人的偏見和不必要的期望？

禱告練習(可選以下形式)

範本一：

請在一張紙上，寫下你的恩賜，技能、天賦和重要的理念。然後將自己的弱點亦逐一列出。在紙張的最下方，以大字寫出：「我是獨特的！上帝愛我！」對自己作一個會心的微笑，獻上感恩，並為今天的存活，再一次更新自己對上帝的委身。

範本二：

將自己設身處地代入到彼得踏出小船的經歷(太十四22～33)。假設你就是彼得，請嘗試運用你的想像力，作出禱告。基督邀請你做的是甚麼事情？基督是否呼召你撇棄安穩的生活、擁有的產業和親屬的照應？「在水上行走」對你來説有何意義？你認為基督是否向你示意，希望你迎接一個新的挑戰？

註釋：

1. Powell, J., *The Christian Vision: The Truth that Sets us Free* (Texas: Argus, 1984), p. 52.
2. Peers, E. A. (Tr.), *Teresa of Avila: Interior Castle* (London: Sheed & Ward, 1974), p. 6.
3. Colledge, E. and Walsh, J. (Trs.), *Julian of Norwich: Showings* (New York: Paulist Press, 1978), p. 284.
4. Colledge and Walsh, *Julian of Norwich: Showings,* p. 314.
5. Colledge and Walsh, *Julian of Norwich: Showings,* p. 149.
6. Colledge and Walsh, *Julian of Norwich: Showings,* p. 271.
7. Colledge and Walsh, *Julian of Norwich: Showings,* p. 281.
8. Colledge and Walsh, *Julian of Norwich: Showings,* p. 338.
9. Colledge and Walsh, *Julian of Norwich: Showings,* p. 154.
10. Colledge and Walsh, *Julian of Norwich: Showings,* p. 183.
11. Colledge and Walsh, *Julian of Norwich: Showings,* p. 299, 300.

延伸閱讀：

Llewelyn, R., *With Pity Not with Blame* (London: Darton, Longman & Todd, 1982).

Pelphrey, B., *Christ our Mother: Julian of Norwich* (London: Darton, Longman & Todd, 1989).

第 9 章
與人性的掙扎
保羅 PAUL

也許在一個基督徒的生命之中，最連綿不絕的掙扎，就是與自己個性之中，頑固地保留著以自我作為中心的持續抗衡。在我們人類的本性之中，總是有些部分老不願意向上帝完全順服。每一位基督徒都會掙扎著抗拒這些不光彩的動機，亦須和一貫希望首先考慮自己的誘惑力爭。當我們不能達致自己所希望的標準時，我們往往會感到氣餒。我們應該如何在這些個人與罪惡的糾纏不清之中，整理出一個合理的應對方法？使徒保羅也許能夠幫助我們。

我們今天認為保羅是新約聖經的一位巨人，他具備令人信服的勇氣和敏銳的神學觀，環顧其他基督徒作者，無出其右。他曾親自興起了不少教會，並在歷次漫長的旅途中，傳講上主的福音：他是一位有能力的宣教者。他是教會在第一世紀時最顯赫的護教者，他的教導兩千年來深深地影響著基督教。他醒覺到耶穌基督的真實性，並不斷思索如何將基督對生命的衝擊，廣傳天下。保羅是一位絕不妥協的護教者和別具創見的神學學者。

保羅往往在寫作之中提醒讀者，他具備的屬靈譜系和超凡的成就。在哥林多後書十一章21至29節之中，他講述了自己的背景、出眾的表現以及因著福音而每天承擔的風險。但在他訴說完自己基督化的生命後，他作出了總結：「我若必須自誇，就誇那關乎我軟弱的事便了。」（林後十一30）雖然保羅具備無盡的果敢和精力，但他仍然坦言自己的軟弱。

與罪惡掙扎

保羅在他的寫作中，有時十分直接和坦率。他並不隱瞞自己的苦惱。他坦白地寫道：

> 因為我所作的，我自己不明白；我所願意的，我並不作；我所恨惡的，我倒去作……我也知道在我裏頭，就是我肉體之中，沒有良善……立志為善由得我，只是行出來由不得我。故此，我所願意的善，我反不作；我所不願意的惡，我倒去作……。我真是苦啊！……（羅七15～24）

巴克萊（William Barclay）曾經評論：「保羅將自己的靈魂坦露出來；他向我們訴說的經歷闡釋了人生處境的

精要。」[1]

我們閱讀這些作品時，可能覺得它是部非常激情的自傳，顯露了保羅的個人困惑，但保羅所論及的情況，其實亦是每一個人的典型。保羅承認自己受到不同性格的影響，常常感到進退兩難。他向我們描述了激烈的抗爭，一方面希望按照上帝的教導生活，另一方面卻常常受到罪惡猖獗地影響著自己。保羅認為罪惡是一股外來的力量，經常希望征服他，而他卻極力地反抗，希望掙脫綑綁。他的言行經常受到基本性的矛盾所影響，不斷地蠶食著他的自信。他無時無刻為了自己是基督內的新創造、但又未能一致地活出基督化的生命，而跟這個矛盾不斷格鬥。他能夠整理出頭緒嗎？我們又可以如何處理自己並不能按聖道生活這個事實？

按照保羅的理論，有兩種生活方式。他用「肉體」(希臘文：*sarx*) 一詞描繪第一種生活方式，但他並非指「肉體生命」(保羅並不主張肉體和靈魂二元論)。他選擇這個詞語，是指沒有基督的生活方式。英文《當代聖經》(*Living Bible*) 將這詞語翻譯為「次等個性」(“the lower nature”) 或「古老的罪性」(“the old sinful”)，《耶路撒冷聖經》(*Jerusalem Bible*) 則將這詞譯為「我們不屬靈的本性」(“our unspiritual selves”)。這個詞語表達了人性不受耶穌基督管治，只受自我中心所關心的事情和喜好駕馭。這是我們個性之中，對上帝充滿反叛和矛盾的部分。

保羅說：「原來體貼肉體的，就是與上帝為仇……」(羅八7)。他觀察到這種生活方式，充滿著嫉妒和自私(加五19～21)。當我們漫無目的、率性而為的時候，我們就是這個樣子的了。這種生活可以變成一種禁錮——受著「罪惡」破壞能力的奴役。

雖然如此，我們可以作出另類的選擇，就是耶穌基督開創出的生活方式。保羅稱之為「屬靈的生命」。我們可以接納「新的特質」，從而進入由基督引導、由聖靈賦予力量的生活方式。基督帶領我們進入的，是充滿「仁愛、喜樂、和平、忍耐、恩慈、良善、信實、溫柔、節制」(加五22～23)的生命。按照保羅的看法，當耶穌在十架上受死，祂的身分超越了個人的成分，而是潛在著代表整個人類的身分。祂的死亡宣告了我們舊生活的逝去：「因為知道我們的舊人和他同釘十字架……」(羅六6)。所以保羅可以說：「我已經與基督同釘十架，現在活著的不再是我，乃是基督在我裏面活著……」(加二20)。基督的死亡劃出了舊生活和「肉體生命」的終結，而祂的復活令我們得到新的開始、新的創造、新的生活方式：「屬靈的生命」。

保羅教導我們要通過信仰和洗禮，好好掌握基督的降生和死亡帶來的福分。早期教會的生活明顯地見證到：當受洗者穿著代表舊生活的衣服來到河邊時，他們會棄掉舊衣服，以表示向「肉體生命」道別。受洗者繼而投入水中，以象徵參與基督的死亡和葬殮，和淹沒舊的生命。受洗者自水中站起，穿上象徵主賜新生命的白袍，開始以嶄新的態度對待生命。這充滿力量的形像，慶祝著我們進入由基督授權的新生活，我們再不是「亞當的後裔」、「受肉體支配」，而是活在「基督之中」、「屬靈生命之中」。

在保羅和我們自己的經驗之中，我們「舊的個性」——過往的價值觀和態度——卻不會銷聲匿迹。當保羅受洗時，壓迫教會的掃羅已經死去，並以基督宣教士的身分獲得重生。但是我們以往的陋習，卻往往冒出頭來，在心深處纏繞著我們，不肯罷休。跟這些陋習的抗爭，就好像一場打不完的戰爭：「因為情慾和聖靈相爭，聖靈和情慾相爭，這兩個是彼此相敵，使你們不能作所願意作的。」(加五17) 這就是保羅在羅馬書七章中記載的掙扎。罪惡應該被徹底埋沒，基督應該完全管轄著我們的生命。我們雖然已經贏取大局的勝利，但我們仍需奮鬥。每當我們面對抉擇的時候，我們需要考慮的基要問題是：「體貼肉體的，就是死；體貼聖靈的，乃是生命、平安。」(羅八6) 到底我們如何可以活出基督化生命，並徹底拒絕由「自主生命」所遺留下來的惡習？我們如何可以在與「次等個性」的掙扎之中，取得勝數？保羅從他自己的經驗之中，計劃出一套三重的策略。

1. **返回到水中。**我們必須回到洗禮的經驗，並提醒自己洗禮的真理和力量。我們舊有的特質已經被釘在十架之上，及淹沒在洗禮之中。每分每秒，「你們向罪也當看自己是死的；向上帝在基督耶穌裏，卻當看自己是活的。」(羅六11) 最重要的部分是：「當看自己」、「將自己當作」，我們應當理解在基督之內，自己是甚麼的身分。聖經學者史斯拉 (John Ziesler) 評論保羅其實是在分析基督徒基本的「自我認識」。[2]我們既然在基督中死去，與罪惡徹底決裂，毫不通融，我們亦會對上帝保持警醒。我們不斷提醒自己在基督裏的新身分、我們的潛力和呼召。不要忘記新獲取的尊嚴，保持警覺和清醒，逐漸成長。每一次當罪惡抬起頭來時，你要果斷地決定：「不要容罪在你們必死的身上作王……倒要像從死裏復活的人，將自己獻給上帝……」(羅六12～13) 。我們需要每天向上帝更新自己受洗時所作出的委身應許，並將自己再一次獻上，為主所用。

這種做法需要莫大的決心。保羅提議我們，想像自己將自私的生活好像舊衣服一樣丟棄掉，並再次在基督內換上更新的新裝。他寫道：「就要脫去你們從前行為上的舊人，這舊人是因私慾的迷惑漸漸變壞的；又要將你們的心志改換一新，並且穿上新人；這新人是照著上帝的形像造的，有真理的仁義和聖潔。」(弗四22～24) 在另一段寫作之中，保羅指出：「所以，你們既是上帝的選民，聖潔蒙愛的人，就要存憐憫、恩慈、謙虛、溫柔、忍耐的心。……在這一切之外，要存著愛心……」(西三12、14)。保羅更明顯地指出：「總要披戴主耶穌基督，不要為肉體安排，去放縱私慾。」(羅十三14)

2. **隨時準備應戰。**當我們舊有的私欲蠢蠢欲動之時，我們要扼殺剷除這些情緒，因為它們根本不應存在。保羅指出：「所以，要治死你們在地上的肢體，就如淫亂、污穢、邪情、惡慾，和貪婪，貪婪就與拜偶像一樣。」(西三5)保羅呼召他的讀者作好抗爭的準備：「因為我們雖然在血氣中行事，卻不憑著血氣爭戰。我們爭戰的兵器本不是屬血氣的，乃是在神面前有能力，可以攻破堅固的營壘，將各樣的計謀，各樣攔阻人認識上帝的那些自高之事，一概攻破了，又將人所有的心意奪回，使他都順服基督。」(林後十3～5)他更考慮到我們在抵擋這些躲藏在罪惡背後的負面力量時，應該使用甚麼武器，如《菲力普斯譯本》指出：

> 要穿戴上帝所賜的全副軍裝，就能抵擋魔鬼的詭計。因我們並不是與有形的敵人作戰……我們面對的，是操縱著黑暗世界的無形力量……。所以你們要站穩腳步，用真理當作腰帶，用公義當作護心鏡，又用平安的福音穿在腳上，以救恩作頭盔，並以手執著上帝的道、聖靈的利劍。最重要的就是要倚靠信心作為你

的盾牌，因為它能抵擋敵人向你發射的火箭。隨時都要藉著聖靈，多方禱告祈求……。(弗六11～12、14～18)

這些話語指出，我們的掙扎並不是孤軍作戰，而是受到充沛的靈性資源支持。假如我們希望有所進展，我們必不能忽略利用這些資源。

在所有的神學作者之中，也許就是羅耀拉的依納爵最鼓勵我們在生命之中以行動實踐保羅的教導。他描繪了基督徒每天都會面對的選擇，是應該追隨著基督的旌旗，過著樸素、容易受損和謙卑的生活，還是服膺在撒但旗下，追逐著貪得無厭、社會地位和傲慢的生活。沙爾迪克(P. Sheldrake)指出，這是一項在「兩位領導人、兩種追尋幸福的策略、對人文主義的兩種觀點、兩種價值觀」之間的選擇。[3]曾經當兵的依納爵號召我們要堅忍和不屈不撓，並催促我們在禱告之中祈求：「能夠洞悉詭詐領導人的騙術，並希望得到幫助抵禦他們；亦希望得到智慧，明白我們真命統領以身作則所教誨我們的生命真理，並獲得恩賜令我們能夠仿效祂。」[4]依納爵更加提醒我們需要知己知彼，既能看透魔鬼的策略，亦能明瞭基督為我們提供的資源。

一位兵士不僅需要武器，他更加需要訓練。在基督徒的屬靈生命之中，這種訓練被稱為「苦行」(ascesis)——

亦是「修道」(ascetic) 的字源。這一個詞語可解釋為格鬥或練習。我們要將紀律灌注到自己的屬靈生命之中，裝備和鍛煉自己的技巧，隨時應付靈性上的戰爭，裝備我們得到致勝必需的技巧。這些紀律可能包括我們已經提及的元素：獨處、默思、靈修和恆切禱告。我們可以從經常研讀聖經的紀律中，能夠不斷地發現到古今靈修作者的智慧。我們也可以從經常懺悔的紀律之中，能夠得到不斷的磨練，曉得反思自己的生命，以聖靈的光照亮自己的進展，審查旅途之中有否絆腳石。在懺悔之中，我們將自己察覺到的罪惡和過失，帶到上帝面前，尋求祂的寬恕和恩典，令我們不但能夠更新自己的品行，更能獲得加添力量，再創新猶。在懺悔和洗滌心中的困惑之後，我們更能接受聖靈樂意賜給我們的勇氣和力量。我們亦須考慮是否應該在自己的鍛煉之中，實行經常性禁食這一項紀律。保羅經常體驗到禁食的價值(林後十一27)，也許就是他在安提阿的時候，因為禁食是當地社會奉行的紀律之一(徒十三2)，所以他能夠在禱告的時候體驗到禁食的價值。肉體上的飢餓往往能夠令我們更深切地渴慕上帝，令我們更加謙卑，並為失衡的生命恢復秩序。

假如我們運用可及的資源，以調校自己的屬靈進度，我們每天在與衝擊我們的負面力量抗爭之中，都能夠取得小小的勝利。我們頑固的態度，是會漸漸消除的。當然，我們每天都會遇到新的挑戰，「次等特質」仍然會興風作浪；我們會繼續經歷到挫敗、會不慎跌倒，但我們會再爬起來，拍拍衣衫，繼續上路。保羅十分肯定最後的勝利是屬於我們的：「然而，靠著愛我們的主，在這一切的事上已經得勝有餘了。因為我深信無論是死，是生……是別的受造之物，都不能叫我們與上帝的愛隔絕；這愛是在我們的主基督耶穌裏的。」(羅八37～39) 我們總能在戰爭之中找到出路，因為上帝的愛在我們裏面，使我們的力量遠遠超過罪惡的影響。

3. **重燃火焰。**保羅知道所有基督徒都經歷到同樣的掙扎。他寫信給名叫提摩太的青年人，以示鼓勵：「你要為真道打那美好的仗，持定永生。你為此被召」(提前六12)。他更提醒提摩太作為信徒的代價：「你要和我同受苦難，好像基督耶穌的精兵。」(提後二3) 最重要的是，保羅呼召提摩太和他的讀者，在此發現聖靈內存的火焰：「為此我提醒你，使你將神藉我按手所給你的恩賜再如火再挑旺起來。因為上帝賜給我們，不是膽怯的心，乃是剛強、仁愛、謹守的心。」(提後一6、7) 保羅勸諫羅馬人：「殷勤不可懶惰。要心裏火熱……」(羅十二11)。他將聖靈的力量描寫成為火焰，在這裏與源於施洗約翰的傳統連上關係，因為施洗約翰曾經預言受膏者將會以聖靈和火為信徒施洗 (太三11)，亦回應了路加描寫五旬節聖靈降臨時，「舌頭如火焰」顯現出來，落在門徒的頭上（徒二3）。就像火焰一樣，聖靈可以逐漸洗滌我們內藏的雜念和瑕疵，在掙扎之中賦予力量給我們、鼓舞我們。而這一朵永遠不會湮滅的靈火，具備了高度的感染力！

最重要的是，保羅發現了聖靈能夠將我們乃是上帝的兒女這一個基本概念，貫注在我們心中，令我們不再是罪惡的奴隸。「因此我們呼叫『阿爸！父！』聖靈與我們的心同證我們是上帝的兒女。」（羅八15～16）對保羅來說，能夠經歷各種掙扎的祕密和成功之鑰，就是要在自己的內心再次尋得聖靈的臨格。我們只不過是脆弱和受損的器皿，只有聖靈才是我們脱胎換骨的永久支柱。我們怯懦善變，只有聖靈的溫柔力量才歷久常新，不斷地在我們內心作工。這是保羅的見證：「我們有這寶貝放在瓦器裏，要顯明這莫大的能力，是出於上帝，不是出於我們。我們四面受敵，卻不被困住，心裏作難，卻不至失望。」（林後四7～8）我們可以追尋保羅的經驗，從而發現到聖靈能夠令我們領略到真正的自由：「主的靈在那裏，那裏就得以自由。」（林後三17）我們需要讓出空間，使聖靈能夠施展祂的大能，從罪惡的綑綁之中釋放我們，將我們轉化成為薪火相傳的耶穌基督。

在我們的探討之中得出的印象，保羅是一個十分人性化的角色。這一個新信仰產生的堅強自信代表人物，公然承認自己的脆弱和怯懦，甚至一度描述自己的個人掙扎，並稱之為「肉體上的刺」。我們並不知道保羅在精神上和肉體上經歷的靈性掙扎的細節，但亦知道與我們所討論到的掙扎相去不遠。雖然這些掙扎並不會退去，但我們確有度過難關的途徑：「為這事，我三次求過主，叫這刺離開我。他對我說：『我的恩典夠你用的，因為我的能力是在人的軟弱上顯得完全。』」我們可以與保羅一起宣稱：「所以我更喜歡誇自己的軟弱，好叫基督的能力覆庇我。我為基督的緣故，就以軟弱……為可喜樂的。因我甚麼時候軟弱，甚麼時候就剛強了。」(林後十二8～10)

反思和討論問題

1. 你對保羅所分辨出的「軟弱人性」和「屬靈生命」有何看法？有否與你的經歷有相似之處？
2. 你認為保羅提出的三重的策略中，哪一項對你最有幫助？你會推薦哪一項給別人？

禱告練習(可選以下形式)

範本一：

燃起一根蠟燭以集中思緒，並默想保羅的話語：「你要將上帝給你的恩賜如火挑旺起來。」試想聖靈如火一般滌淨、添力和鼓舞著你的生命，並以衛斯理的聖詩的歌詞為你作結：

天降塵世全能上主，
沛賜純潔神聖靈火，
在我謙卑獻心之壇，
點燃慕道愛主熾焰。

願主榮光耀於人前，
璀璨熠熠永不滅絕，
敬虔禱告恆切頌讚，
戰慄歸化冥想神恩。

範本二：

閱讀以弗所書六章10至18節。視察你自己的屬靈裝備，以此作為檢視的清單，反省自己如何掌握基督的真理、是否願意活出福音的教導、是否經常考慮上帝的聖道、與及自己禱告的素質。請用下列施洗禮儀的選段作結：[5]

讓我們不會愧於承認信奉十架受死的基督。
讓我們高舉基督的旗幟，終生奮身與罪惡、俗世及惡魔作戰，繼續作祂忠心的兵士與僕人。願全能的上帝自黑暗的勢力和制肘中拯救我們，在基督的光明和順服之中帶領我們，直至永遠。阿們。

註釋：

1. Barclay, W., *The Letter to the Romans*. Daily Study Bible (Edinburgh: Saint Andrew Press, 1990), p. 98.
2. Ziesler, J., *Paul's Letter to the Romans* (London: SCM Press, 1993), p. 162.
3. Sheldrake, P., *The Way of Ignatius Loyola: Contemporary Approaches to the Spiritual Exercises* (London: SPCK, 1991), p. 92.
4. Corbishley, T., (Tr.), "Meditation on Two Standards" in *The Spiritual Exercises of Ignatius Loyola* (Wheathampstead: Anthony Clarke, 1973), p. 53.
5. Central Board of Finance of the Church of England, *The Alternative Service Book 1980* (Oxford: Mowbray, 1980).

延伸閱讀：

Foster, R., *Celebration of Discipline* (London: Hodder & Stoughton, 1980).

Sanders, E. P., *Paul* (Oxford: Oxford University Press, 1996).

Whitney, D. S., *Spiritual Disciplines for the Christian Life* (Amersham: Scripture Press, 1991).

第 10 章

耶穌：在掙扎中上帝與我們同在

耶 穌 J E S U S

基督教的福音宣稱上帝並不是遙居天庭，而是與我們相距不遠。祂降生塵世，以人的身分經歷了人生。在耶穌基督之中，祂為我們面對的掙扎開闢了一條道路。

福音書皆論基督在約旦河畔受洗的事迹為祂在世事工的開端，這實非巧合。洗禮宣稱了摒棄罪惡和誠心悔改，但耶穌為何亦需要受洗？施洗約翰吞吐地向耶穌提出異議，企圖推就時說：「我當受你的洗，你反倒上我這裏來麼？」(太三14) 耶穌接受洗禮正好聲明了祂對一切普通人感到憂戚相關，與千千萬萬尋找上帝的信徒站在一起，而並非淩駕其上。祂的洗禮告訴我們祂是真正的以馬內利，「上帝與我們同在」(太一23)。祂降生塵世，為的是要在我們可及之條件之中帶領我們進入祂的國度，而非要我們犯難。祂的洗禮見證了上帝真確地成為我們當中的一員。

這是新約聖經的見解和遠象。希伯來書將基督化的生命形容為一段朝聖的旅程：「我們在這裏本沒有常存的城，乃是尋求那將來的城。」(來十三14) 我們奔走世程，眼前可見完備的模範：「存心忍耐，奔那擺在我們前頭的路程，仰望……耶穌」(來十二1～2)。但是我們究竟要如何仰望耶穌？對我們來說，耶穌是誰呢？作者繼續告訴我們：「仰望為我們信心創始成終的耶穌」。希伯來書將耶穌稱呼為先鋒。希臘語"*archegos*" 就是開路者的意思，這些人開闢道路，讓後人可以踏著他們的腳蹤跟上來。希伯來書繼續評論：「原來那為萬物所屬、為萬物所本的，要領許多的兒子進榮耀裏去，使救他們的元帥，因受苦難得以完全，本是合宜的。因那使人成聖的，和那些得以成聖的，都是出於一。所以他稱他們為兄弟也不以為恥。」(來二10～11) 上帝成了我們的弟兄，祂來帶領我們奔走世程，這一趟通往榮耀的途徑可能充滿掙扎，甚至碰上苦難。耶穌經歷了我們的限制，如保羅在一段早期教會的詩歌中指出：「反倒虛己，取了奴僕的形像，成為人的樣式。」(腓二7) 希伯來書認為上帝通過耶穌基督開闢了新道路，突破了一切掙扎所面對的阻礙，令我們可以達致我們的最終目的。書信提出了兩個掙扎的範例。

第一，希伯來書述及基督與誘惑的抗爭，描繪了耶穌與我們一般，要面對和正視令人沮喪的負面力量：「因我們的大祭司，並非不能體恤我們的軟弱。他也曾凡事受過試探，與我們一樣，只是他沒有犯罪。」（來四15）祂受洗後在曠野那飽受試煉的四十天中，也曾直接面對惡魔的勢力，三次與引誘糾纏。惡魔慫恿祂濫用權力（「吩咐這塊石頭變成食物」；路四3）；勸誘祂妥協上帝的權威（「在我面前下拜」；路四7）；鼓動祂追求感官上的刺激（「從這裏跳下去」；路四9）。這些都是揚名立萬的捷徑，迎合俗世向來屈膝其下，對權力、傲慢和地位拜服。耶穌剛剛受洗便屢遭試探，表明了祂充分擁抱人生歷煉的負擔，親自感受到每個世代的普通民眾所遇到的種種艱難。馬可的描寫最為生動：「與野獸同在一處」（可一13），兇猛的野獸代表了我們都會遇上的種種威迫利誘。保羅安慰的話語：「你們所遇見的試探，無非是人所能受的。上帝是信實的，必不叫你們受試探過於所能受的；在受試探的時候，總要給你們開一條出路，叫你們能忍受得住。」（林前十13）希伯來書認為耶穌所面對的誘惑，令世世代代的基督徒都受到感動和鼓舞：「他自己既然被試探而受苦，就能搭救被試探的人。」（來二18）

第二，希伯來書的作者列出了耶穌在禱告熱切的掙扎：「基督在肉體的時候，既大聲哀哭，流淚禱告，懇求……」（來五7）。耶穌在禱告中向上帝哀號，經歷憂傷和苦惱等人性的情緒波動。正如蘭納（W. L. Lane）指出：「耶穌的『哀哭和流淚』描述了身陷危機時的禱告。」[1]也許這段描述亦與客西馬尼園中耶穌陷入痛苦和黑暗的經歷相仿，「就驚恐起來，極其難過」(可十四33)。亞當和夏娃曾在伊甸園裏與蛇掙扎，耶穌則在客西馬尼園與黑暗勢力抗爭。祂的受難是經過三年與負面力量衝突磨擦，累積而達致的處境，只有禱告的力量才能克服這項挑戰(參看可九29)。按希伯來書記載，耶穌這段誠摯的禱告令祂深深體驗到：「他雖然為兒子，還是因所受的苦難學會了順從。」(來五8) 庫爾曼 (Oscar Cullmann) 曾評論：「從來未有學者可以預先假設人性內心發展為論據，適當地解釋這趟感情的流露。耶穌若全然沒有啟發任何性格發展，祂在世的時刻便算不上是經歷過真正的人類生命。」[2]耶穌學習並通過受苦發現到，我們是可以在掙扎中尋覓得到，並能夠貫徹執行上帝的意旨。故此，栢德遜 (D. G. Peterson) 指出：「基督從『受苦』以臻善境為我們提供了基督門徒身分的一套準則。所有的基督徒都在一定的程度上，經歷到與基督曾經承受相若的掙扎和鬥爭，因為祂已經為我們作了開路先鋒，所有信徒如果能夠與祂分享同一信仰、體現同等的韌性，便能夠享有對勝利的同一盼望。」[3]

環顧基督在世的事工，祂顯露了對各種不同的掙扎所感到的脆弱。祂能夠理解到壓力所帶來的危險，所以便騰出時間與空間，鎮靜下來以便處理事情(路五16)。

祂經歷了憤怒和困擾，尤其當祂要面對宗教領袖時，祂更在聖殿之中推翻了買賣的桌子，充分表達祂激動的情緒（約二15；太二十一12）。祂不斷為公義和寬恕作出努力（約八1～11），又在拉撒路的墳前，因感受到人類喪親之痛而潸然淚下。祂更需要處理日漸長進的使命感，還要在種種反對的攻擊下，探索自己的真命身分（約八章）。

各福音書均有提及耶穌如何渴望與掙扎的人同行。在馬可福音中，我們可以見到門徒多麼不理解基督的教導：「門徒就問他這比喻的意思。耶穌對他們說：『你們也是這樣不明白麼？』」（可七17～18，參六52）耶穌以忍耐回應門徒緩慢的學習，更不斷地繼續教導他們。我們也能瞥見祂被觸怒的時刻（可八17～21），但祂仍然容忍他們。他們正是耶穌所要挑選的人，因為祂「隨自己的意思叫人來」（可三13）。每一位門徒都是祂自己挑選的，祂十分清楚他們獨特的潛質和個別的缺點。

路加福音特別著重描寫基督的悲天憫人。這一卷福音書為我們帶來了浪子回頭和迷途羔羊的比喻（路十五章）。我們更加見到了基督對社會中的「異類」的愛：以淚洗祂腳踝的帶罪婦人（路七36～50）、被叫做「羣」的鬼附著的人（路八26～39）、作財主稅吏長的撒該（路十九2～10）。這些在掙扎中的人都得到基督的擁抱、歡迎和恢復自我。上帝通過耶穌基督，溫柔地將受困擾制肘的人，帶到祂的國度。

福音書的主旨是「死而後生」。我們受到邀請參與一趟逾越之旅，朝著十架上的復活，奔走世程。在耶路撒冷的樓房中，耶穌對困惑莫名的彼得說：「我所去的地方，你現在不能跟我去 。後來卻要跟我去。」(約十三36) 要得到更新的生命，便一定要經過十架的受死。耶穌對眾人和門徒說：「若有人要跟從我，就當捨己，背起他的十字架來跟從我。因為凡要救自己生命的，必喪掉生命，凡為我和福音喪掉生命的，必救了生命。」(可八34～35) 耶穌在這裏列出了兩種背道而馳的態度。「自保」是一種維護自我的觀點，表面上看似乎是為自己的利益著想，但其實只不過是緊抓著自己擁有的一切不放，固步自封。反之言「失去生命」則是要我們勇於冒險、變得脆弱、隨時準備應付和面對各種各樣的掙扎。耶穌呼召我們開闢這些坎坷的道路，雖然代價不菲，但是這些艱難的征途能夠帶領我們達致完滿、救恩、復活，直至我們到達主的跟前。

耶穌基督就是這一位先鋒，為我們開闢道路，令我們在掙扎之中既能找到前行的途徑，亦感覺到祂常伴我們左右。希伯來書的作者頌揚了這令人驚訝的事實：「耶穌基督，昨日今日一直到永遠是一樣的。」(來十三8) 當年祂曾經常伴門徒身邊，在他們陷入掙扎的時候不斷支持他們，今天祂亦展開臂膀，邀請我們與祂同行，投身未來。我們稱祂為先鋒、兄長和朝聖伙伴。祂為我們開啟了生命可以無限的遠象，故此我們應該銘記心中：「所以你們要把下垂的手和發酸的腿挺起來。」(來十二12)

我們的旅程由創世記開始，遇上了許多經歷掙扎而覓得出路的人物。讓我們最後打開聖經最後的一卷書，參看復活的基督如何將無盡的祝福，賜給能夠經歷掙扎又脫穎而出的人。這些早在第一世紀就在基督徒社羣之內流傳的祝福，對我們今天來說，可算是歷久常新，通過充滿寓意的言語，為我們帶來了不受時代影響和限制的祝福。以弗所教會曾經掙扎著要以火熱的心愛主事主，上主對他們的應許是：「得勝的，我必將上帝樂園中生命樹的果子賜給他吃。」(啟二7) 耶穌在這話語之中對能夠克服掙扎的人，應許了永恆的生命。別迦摩的基督徒曾經掙扎著要擺脫事事妥協、拆衷真理、淡化福音教誨的習慣，復活的基督對他們應許：「得勝的，我必將那隱藏的嗎哪賜給他，並賜他一塊白石，石上寫著新名；除了那領受的以外，沒有人能認識。」(啟二17) 基督所賜的恩，乃是按著個人而賜的，祂答應這些明白真理而且能夠堅持克服困難的人，他們會得以更接近基督完滿的彰顯。在「新名」這項恩賜之中，蘊含著新的未來和新的定數。

推雅推喇教會則要處理放縱性欲和剝削利己的問題，

對能夠找尋出路克服困難的人，基督答應賜給他們代表自己的「晨星」，為他們掃除陰影和帶來再次的保證(啟二28)。撒狄的教會要面對麻木不仁、怠惰和了無生氣的問題，基督應許警醒和悔改的信徒：「凡得勝的，必這樣穿白衣」(啟三5)，令他們能夠重新得力，回復到洗禮時所得的恩賜之中。耶穌對非拉鐵非的教會說：「我知道你的行為，你略有一點力量，也曾遵守我的道，沒有棄絕我的名。看哪，我在你面前給你一個敞開的門，是無人能關的。」(啟三8)基督總是設法帶給他們成長的新機會，他們卻覺得自己有心無力。但基督能夠洞察他們的潛質並答應他們：「得勝的，我要叫他在我上帝殿中作柱子。」(啟三12)上帝能夠令軟弱的人成為棟梁，使他們變得剛毅、可靠和成為不可缺少的人物。

最後，復活的基督向老底嘉教會傳話，他們是掙扎得最厲害的羣體，被稱為「既如溫水，也不冷也不熱」(啟三16)。他們對基督失去了熱忱，作為門徒的意志亦逐漸淡化，甚至有人覺得不如放棄為妙。基督對他們作出了令人震驚的應許：「看哪，我站在門外叩門，若有聽見我聲音就開門的，我要進到他那裏去，我與他、他與我一同坐席。」(啟三20)祂為信心不足的人提供了與祂相通的新機會，只要他們應門，便會令他們重新得力。

自古至今，基督對所有激烈掙扎的人作出無可匹敵的應許：「得勝的，我要賜他在我寶座上與我同坐，就如我得了勝，在我父的寶座上與他同坐一般。」(啟三21) 在這些不受時空規範的諾言之中，基督向我們再三保證，在我們的掙扎之中，都自有出路，就像祂在客西馬尼園和髑髏地所面對的掙扎，終於將祂推送到復活的經歷一般。我們應深信有一條通往獲得勝利、克服困難和體驗復活的道路。能夠掌握這份永恆的信念，我們自可怡然地接納掙扎，並從中摸索出通往成長及成熟的途徑。

註釋：

1. Lane, W. L., *Hebrews: A Call to Commitment* (USA: Hendrickson, 1985), p. 81.
2. Cullmann, O., *The Christology of the New Testament* (London: SCM Press, 1963), p. 97.
3. Peterson, D. G., *Hebrews and Perfection* (Cambridge: Cambridge University Press, 1982), p. 187.

靈修著作精選

重整靈性生命，陶冶完善人格。

我們與（不）信的距離——默想聖經 6 個不完美的聖徒故事

黃嘉樑 著／HK$78

跟從耶穌，每一步都是歸心之路——盧雲給焦慮時代的 6 堂心靈課

Following Jesus: Finding Our Way Home in an Age of Anxiety

盧雲 (Henri J. M. Nouwen) 著／黃大業 譯／ HK$78

祢已將哀哭變為跳舞——在時艱中尋找盼望

Turn My Mourning into Dancing: Finding Hope in Hard Times

盧雲 (Henri J. M. Nouwen) 著／黃大業 譯／ HK$78

盧雲靈思集 · 生命中的蒙愛時刻

A Spirituality of Living

盧雲 (Henri J. M. Nouwen) 著／黃大業 譯／ HK$58

盧雲靈思集 · 歸心，歸回上帝的時刻

A Spirituality of Homecoming

盧雲 (Henri J. M. Nouwen) 著／黃大業 譯／ HK$58

盧雲靈思集・關顧，傷癒時刻
A Spirituality of Caregiving

盧雲 (Henri J. M. Nouwen) 著／黃大業 譯／ HK$58

一花一天國——默觀的動念與操練
Just This: Prompts and Practices for Contemplation

羅爾 (Richard Rohr) 著／黃大業 譯／ HK$78

詩篇心禱：用最真實的自己面對上帝——從詩篇學禱告的12 堂課
Psalms: Prayers of the Heart (A LifeGuide Bible Study)

畢德生 (Eugene H. Peterson) 著／黃大業 譯／ HK$78

佈道靈旅—— 52 天腓立比書靈修之旅

鄺偉志 著／ HK$68

歸心祈禱——與上帝親密之旅

張琴惠 著／ HK$83

歸心祈禱的操練——與上帝親密同行 40 天
Forty Days to a Closer Walk with God: The Practice of Centering Prayer

大衞・邁思勤 (J. David Muyskens) 著／陳群英 譯／ HK$78

歸心祈禱的操練 2 ——更深地與上帝同行 40 天
Sacred Breath: Forty Days of Centering Prayer

大衞・邁思勤 (J. David Muyskens) 著／邱其玉 譯／ HK$78

緊扣時代 服事教會

以文字傳揚基督真道

讀者意見表

衷心多謝你購買本社書籍。本社一直致力以出版事工服事教會，幫助信徒扎根於神的話語，促進靈命增長。為使我們的出版更能滿足你的需要，請填寫下列各項資料，並寄回或傳真予本社。

所購書籍：________________

本書最吸引你的地方：

□作者 □適切性 □文筆 □設計 □實用性

□其他：________________

購買本書地點：

□基道書樓 □基督教書店 □非基督教書店

性別：□男 □女 職業：________________

信仰：□基督徒 □非基督徒

年齡：□ 16 歲或以下 □ 17～25 歲 □ 26～35 歲

□ 36～55 歲 □ 56 歲或以上

學歷：□中三或以下 □中五 □預科

□大學 □研究院

□我欲更多了解基道出版社的事工及考慮支持，請寄給我下列資料：

□機構簡介 □新書資料 □基道會員通訊

□《基道文字事工通訊》

姓名：________________ 電話：________________

地址：________________

____

傳真：________________ 電子郵件：________________

其他意見：________________

____

多謝賜教！

意見表可以傳真（2687-0281）或直接郵寄以下地址：

香港沙田火炭坳背灣街26號富騰工業中心1011室

基道出版社編輯部收